农业互联网+丛书

农业电子商务新探索

陶忠良　王黎明 著

浙江工商大学出版社
ZHEJIANG GONGSHANG UNIVERSITY PRESS

图书在版编目(CIP)数据

农业电子商务新探索 / 陶忠良，王黎明著. —杭州：浙江工商大学出版社，2018.3

(农业互联网＋丛书)

ISBN 978-7-5178-2596-8

Ⅰ. ①农… Ⅱ. ①陶… ②王… Ⅲ. ①农业—电子商务—研究 Ⅳ. ①F713.36

中国版本图书馆 CIP 数据核字(2018)第 009068 号

农业电子商务新探索

陶忠良　王黎明 著

责任编辑 谭娟娟
封面设计 林朦朦
责任印制 包建辉
出版发行 浙江工商大学出版社
(杭州市教工路 198 号　邮政编码 310012)
(E-mail:zjgsupress@163.com)
(网址:http://www.zjgsupress.com)
电话:0571-88904980,88831806(传真)
排　　版 杭州朝曦图文设计有限公司
印　　刷 虎彩印艺股份有限公司
开　　本 880mm×1230mm　1/32
印　　张 6
字　　数 149 千
版 印 次 2018 年 3 月第 1 版　2018 年 3 月第 1 次印刷
书　　号 ISBN 978-7-5178-2596-8
定　　价 29.80 元

本著作是以下项目资助成果：

● 国家自然科学基金(71471164)：移动位置服务中基于隐私关注的用户行为模式与保护机制研究

● 教育部人文社科项目(17YJC630155)：大数据背景下移动网购行为执行意向演化模型与个性化广告推荐策略研究

● 浙江省重点研发计划项目(2017C02043)：浙江省农业投入品数据采集与监管技术研究

● 浙江省重点研发计划项目(2017C01011)：大数据商务智能平台开发及应用示范

● 浙江省科技计划项目(2017C33109)：基于屏幕视觉大数据的个性化交互广告推荐系统研究与应用

● 浙江省社科联项目(2017N09)：基于屏幕视觉热区的网络用户偏好提取与个性化交互广告推荐模型研究

前　言

2015年10月10日，农业部部长韩长赋在举办的“辉煌十二五”系列报告上围绕“十二五”以来，特别是党的十八大以来我国农业农村发展成就做报告。他表示，工业化、信息化、城镇化和农业现代化“四化同步”，开创了“三农”发展新格局。习近平总书记在十九大报告中指出，要实施乡村振兴战略，基层代表纷纷表示要以永不懈怠的精神状态和一往无前的奋斗姿态，加快推进农业农村现代化。

本书作为“农业互联网＋”丛书的一本，以“新”的视角，探析了我国“三农”工作的最新动向，把农业这一传统产业与现代化的电子商务有机融合。本书通过结合物联网、视频监控、食品安全溯源、移动支付、数据挖掘等技术，提出研究与开发“基于全过程的农业电子商务模式与平台架构”等几大模块，攻关农业电子商务支撑体系的关键技术，实现对农业信息的实时采集、农业生产的实时监控和智能化管理、农产品溯源信息的实时采集和智能监控，让广大农民“人不出村、足不出户”就能完成大多数金融交易，享受现代的农业金融服务，这些技术的实现有利于提升农业企业竞争力和政府监管能力等。

《农业电子商务新探索》主要内容包括第1章“新农人”的创业梦、第2章农业电子商务大数据中心、第3章农业精细化公共服务、第4章农产品买卖“新”渠道、第5章农业增值“新服务”、第6章农业“新”

生命——跨境挖掘与复合域应用、第 7 章“新农人”的电商技能、第 8 章农业电子商务实际应用、第 9 章“新农人”的美好明天。本书采用章节形式编写，内容完整，内涵丰富，在理论描述后列举了本产业电子商务成功的案例，具有一定的指导性、实用性和可读性，可作为广大农民朋友的科普读物，相关领域教师、学生及“三农”工作者的参考读物。

本书由浙江省农业信息中心和浙江工商大学组织编写，在编写的过程中，得到了众多相关领域专家的精心指导。同时，文中也参考和引用了相关文献和技术资料的内容，在此一并表示感谢。由于作者水平有限，时间仓促，书中难免会出现一些不妥之处，恳请广大读者、朋友和同仁批评指正。

目　　录

第 4 章　农产品买卖“新”渠道

第 5 章　农业增值“新服务”

第 6 章　农业“新”生命——跨域挖掘与复合域应用

第 7 章　“新农人”的电商技能

第1章 “新农人”的创业梦

1.1 中国现代农业发展瓶颈

“国以民为本，民以食为天，食以安为先。”食品安全，关系国计民生，涉及政府、企业和消费者等诸多主体。关注食品安全就是关注我们的现在与未来。近年来，英、日滥用同源动物饲料导致疯牛病，美国菠菜、花生细菌污染，国内毒韭菜、毒生姜、毒土豆和毒西瓜等事件的发生，不仅影响经济和社会的发展，还破坏了消费者对农产品的信任，造成了消费者“谈食色变”的局面。作为世界上最大的农产品生产国和消费国的中国，近年来相继采取了各项措施加强对农产品质量安全的管理，如国家质检总局出台了《出境水产品溯源规程》、2012年的《国务院关于加强食品安全工作的决定》、2013的《2013年国务院食品安全重点工作安排》等法律法规，但是与农产品有关的食品安全事件仍然频发。“生产源头控制难、瓜菜检测难、责任追溯难、提前预警难”这些已经成为农产品安全的重大障碍，农产品安全问题已经成为国内外关注的焦点问题。

因此，如何让消费者放心购买农产品，农业生产者如何在源头对农产品进行安全生产监控，农产品出问题后消费者如何对食品安全问题进行申诉，如何提高监管者对农产品的质量监管水平，如何规范产品检验工作，如何实现农产品生产、流通、销售环节的全程信息化跟踪管理，如何对流通过程中监测到的异常情况进行预警，如何搭建农产品溯源系统和网络交换平台，如何实现数据采集后的数据联动、分析和预警，如何从源头上保证农产品的质量等，已经成为我国当前农业发展迫切需要解决的难题。

同时，我们应当看到，我国的农业基础设施落后，农业生产力水平低下，农业、农村、农民的“三农”问题日益突出。虽然我国土地总面积大，但人口数量大，人均占有量小，我国人均占有土地面积只占世界人均数的29%；人均耕地面积更少，仅1.5亩，相当于世界人均水平的43%。我国有666个县低于联合国粮农组织确定的人均耕地面积0.8亩的警戒线，这就需要提高农业科技含量，需要增加对农业基础设施的投入，需要国家加大对农业金融的投入，以先进技术促进农业稳定发展和增收，利用先进技术充分挖掘农田潜力、合理利用水肥资源、避免环境污染、提高农产品的质量，从而保证农业的可持续发展。但是，由于农业金融服务面宽线长，具有“成本高、风险大、收益低”等特性，农村地区金融机构网点和从业人员急剧减少，农民贷款难、存款难、结算难及农村补贴有效支付难等已成为当前破解“三农”问题的“瓶颈”。

1.2 农业电子商务平台发展机遇

综上所述，本书从农业产业链“从田间到餐桌”的全过程展开分析，针对农业精细生产环节中信息难采集、时效性差、生产决策滞后、水资源浪费、农药污染等问题，流通环节中的追溯信息难共享、信息难联动、难反馈、难预警、难对农产品溯源与交易全过程监控等问题，以及针对全过程农业产业链中的农业金融“小而复杂”“面广而差异大”的特性，缺少多种服务功能、多种支付方式的现代农业金融支付终端及系统等问题，而提出研究农业电子商务支撑体系的关键技术与应用。通过对关键技术的研究，记录农产品生产、流通、销售等环节的溯源信息，从业务上为农产品提供单个企业无法或无力解决的共性问题的解决方案，将农业政府主管部门、农户（专业农户、家庭农场、农民合作社、农业企业）、农产品消费者、流通企业有机地联系起来，随时随地可实现农业的精细化生产监控、农业金融的现代化服务、农产品的可追溯和提前预警性，有效达到农产品安全监测中的智能分析、提前识别、提前预警等目标，提高农产品的质量水平，增强农产品精细生产、质量安全、溯源与安全监测的科技含量和竞争力。具体如图 1-1 所示。

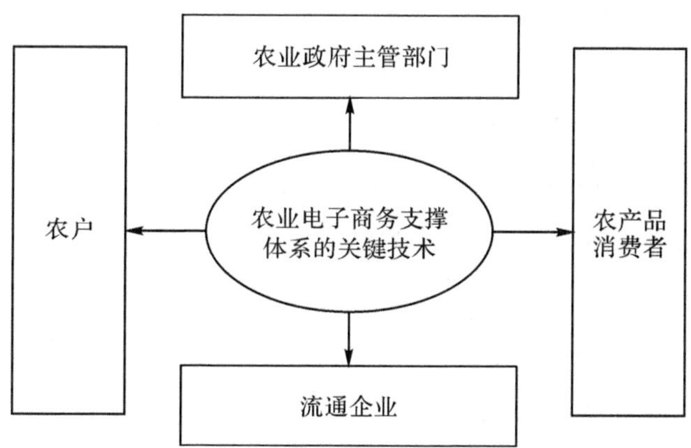

图 1-1 农业电子商务支撑体系的各方关系图

1.3 农业电子商务平台总目标

本书通过结合物联网、视频监控、食品安全溯源、移动支付、数据挖掘等技术，提出研究与开发“基于全过程的农业电子商务模式与平台架构”“融合物联感知与移动监控的精细农业公共服务系统”“农产品生产流通全过程的信息采集传输系统”“面向物联溯源与安全监测预警的农业数据中心”“融合物联信息与视频监控的农产品追溯系统”“融合多种通信方式的多种金融服务终端”“农产品电子商务交易系统”“基于情境复合域的农业全生命周期跨域挖掘管理系统”等几大模块，攻关农业电子商务支撑体系的关键技术，实现农业信息的实时采集、农业生产的实时监控和智能化管理和农产品溯源信息的实时采集和智能监控，广大农民“人不出村、足不出户”就能完成大多数金融交易，享受到现代的农业金融服务，让广大消费者可以放心购买，同时对提升农业企业的竞争力和政府的监管能力等都具有重要作用。本书主要研究内容思路与总体架构如图 1-2 所示。

本书整体架构包括四个层次，从上到下分别是接入层、应用层和传输层和感知层，通过对农业的生产、流通、仓储、销售等各个环节的数据进行采集，从业务上为农业生产企业提供单个企业无法或无力解决的共性问题的解决方案，从关键技术着手为农业电子商务应用提供顶层设计应用和共性功能研发，实现上述八个方面的内容建设，本书整体研究方案结构如图 1-3 所示。

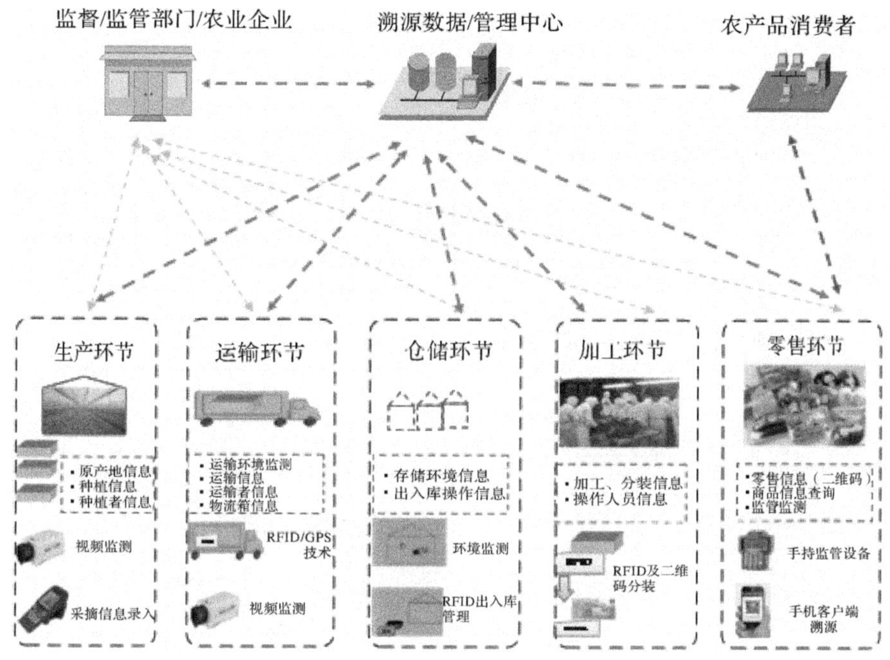

图 1-2 研究思路与总体架构

(1)接入层：制订标准化接口协议，提供统一管理界面，方便多厂商、多类型无线传感器网络（Wireless Sensor Networks，WSN）传感器设备的接入和管理。

(2)应用层：建立一套标准化的、可个性定制的农业电子商务支撑关键技术与服务系统，包括精细农业公共服务系统、全过程的信息采集传输系统、农产品追溯系统、多种金融服务终端、农产品电子商务交易系统；开发多种终端的业务平台和接入与管理平台这两个支撑平台以满足用户的具体需求。同时根据农业生产特点，研发基于智能手机的客户端程序，为农业企业提供移动管理服务。

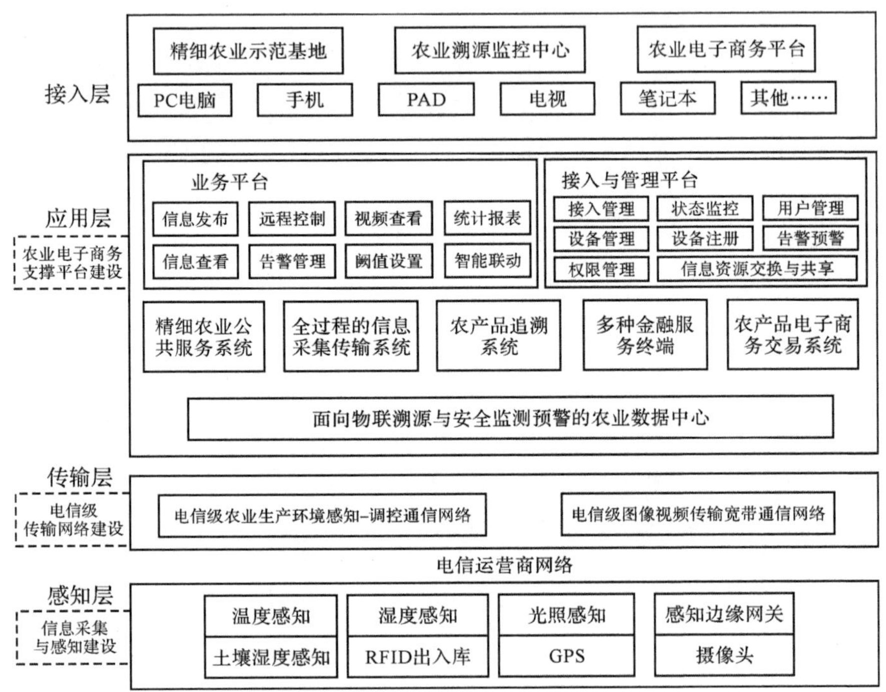

图 1-3　本书总体研究方案架构

(3)传输层：研发完美融合各种异构数据(数字、图像、视频)的物联网传输子系统，提供电信级的传输质量保障，并为下一代基于 IPv6 (Internet Protocol version 6)的传输提供无缝衔接。

(4)感知层：研发面向农作物生长的数据采集、传输、存储等技术，研发农产品流通、销售环节的数据采集方法，提供一个通用的物联网前端数据采集、存储子系统，并具备传感器网络低功耗的特点。

1.4 农业电子商务平台架构

农业电子商务平台用于分析研究面向农户、流通企业、经营者、消费者和政府等的农业电子商务模式和机制；研究农业全过程的精细生产模式；研究设计基于物联溯源的农产品安全监测公共服务平台架构；研究并设计农业电子商务服务网络架构。具体表现在以下几点。

1)基于全过程的农产品物流配送服务模式及关键要素研究

建设农业电子商务平台用于研究农产品物流配送服务模式的关键环节，分析自营农产品物流配送模式、农产品物流配送联盟模式、第三方配送模式和农产品物流一体化配送模式这四种配送模式的关键要素；根据面向农产品物流配送的对象，分析研究针对大客户配送，餐饮酒店、农产品直营店配送，超市卖场、菜市场配送，高端客户直供，这四种不同的配送方式的关键环节和要素。

自营农产品物流配送。大型的农业生产企业投资建设农业精细生产平台和农产品配送监控及农产品溯源系统。基于该企业生产的农产品为管理层和消费者提供全方位的服务。

农产品物流配送联盟。这种配送模式是为多家企业提供多种农产品的农产品电子商务平台所拥有的。所有农产品生产企业投资建设自己的农业精细生产平台所拥有的，同时与农产品物流配送联盟的电子商务平台农产品溯源系统对接，农产品物流配送联盟负责农产品从农产品物流中心送到最终消费者处的过程中的农产品监管、溯源及资金流通环节。

第三方配送。在这种模式中，通常农产品生产企业投资建设自己的农业精细生产平台，第三方农产品物流配送商则负责农产品从农产品物流中心到最终消费者之间的农产品监管、溯源及资金流通环节。

农产品物流一体化配送。农产品物流一体化是指以物流系统为核心的，由农产品生产企业经由物流企业、销售企业，直至消费者的供应链的整体化和系统化，它是农产品配送发展的成熟和高级阶段。当达到这个阶段时，所有的农产品从生产到最终消费者的每一个环节都被纳入了监管体系，能够充分保障民众的农产品消费安全。

2)面向农产品的生产、销售、支付、物流全过程的监控服务模式与机制研究(图 1-4)

针对自营农产品物流配送模式、农产品物流配送联盟模式、第三方配送模式及农产品物流一体化配送模式这四种不同配送模式，农业电子商务平台用于分析研究农业电子商务平台用于研究面向农户(专业农户、家庭农场、农民合作社、农业企业)、农业政府主管部门、经营者、流通企业和消费者等的全过程的监控服务模式和接入机制，设计面向农产品的生产、销售、支付、物流全过程的监控服务流程；研究及建设集信息收集、处理、传播、应用于一体的全过程农产品溯源与安全监测的公共服务模式体系，为农户、流通企业、消费者、政府管理者和决策者提供信息服务，有效指导农产品的产前、产中和产后及运输、销售等环节，发挥平台对农业的“信息支撑”作用，为农产品溯源监控与安全监测提供技术和组织保障；分析研究面向农产品的生产、销售、支付、物流全过程的监控服务的统一安全接入机制与计费方式。

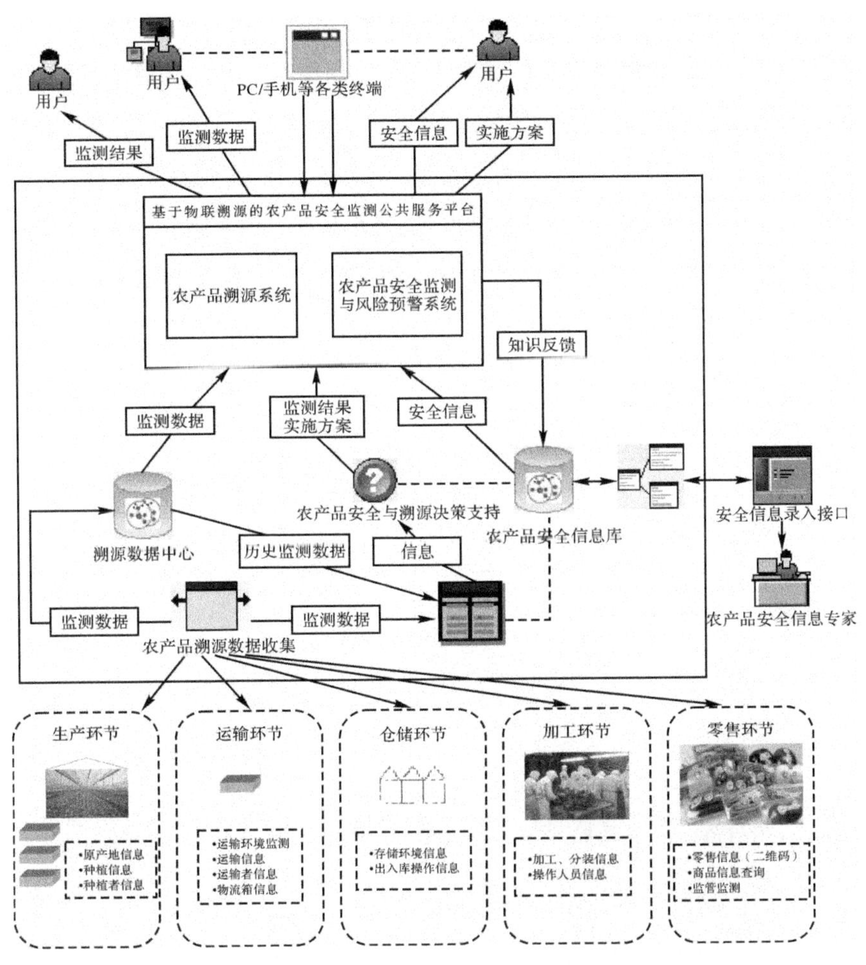

图 1-4　基于物联溯源的全过程农产品监控服务总体设计图

3)基于全过程的农业电子商务服务平台架构

构建此服务平台用于分析研究面向服务的架构(Service Oriented Architecture，SOA)、资源配置、技术集成等技术，设计基于全过程的农业电子商务服务平台层次化框架结构；研究硬件层基于物联网技术、移动视频监控技术的数据采集，实现种植信息、运输信息、加工分装信息、商品信息等的采集；研究数据层的传输、融合和预处理技术，研究移动视频监控压缩处理方法，研究数据编码、存取规则，构建农产品质量溯源数据中心；研究面向农户、消费者、流通企业和政府相关部门等的各种应用服务，为用户提供农产品溯源、安全监测、决策和分析等各种公共服务。基于全过程的农业电子商务服务平台架构如图 1-5 所示。

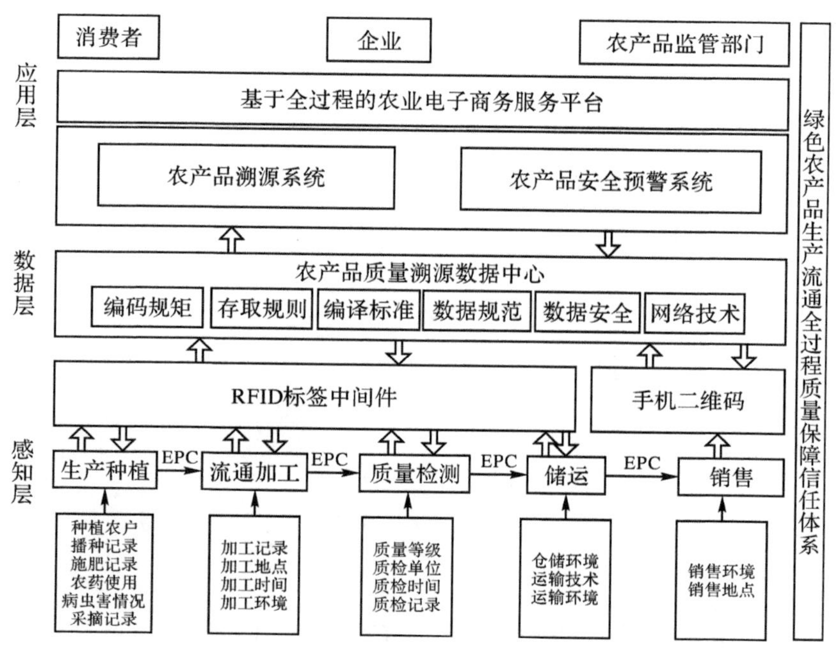

图 1-5　基于全过程的农业电子商务服务平台架构

4）基于物联溯源的农业电子商务平台网络结构

设计此平台网络用于研究基于物联溯源的农业电子商务平台的网络拓扑结构，实现各资源的有效整合；研究集成农产品生产、流通运输、加工、零售等环节各种信息的有线、无线多网络融合传输方式；研究融合多网络的数据编码格式和通信协议规范，包括提供给远程终端模块使用的数据采集通信规范、采集数据编码格式、采集数据校验方法等；研究基于移动手机的农产品交易与溯源架构技术，实现农产品的手机交易与溯源监测。具体的基于物联溯源的农业电子商务平台网络结构如图 1-6 所示。

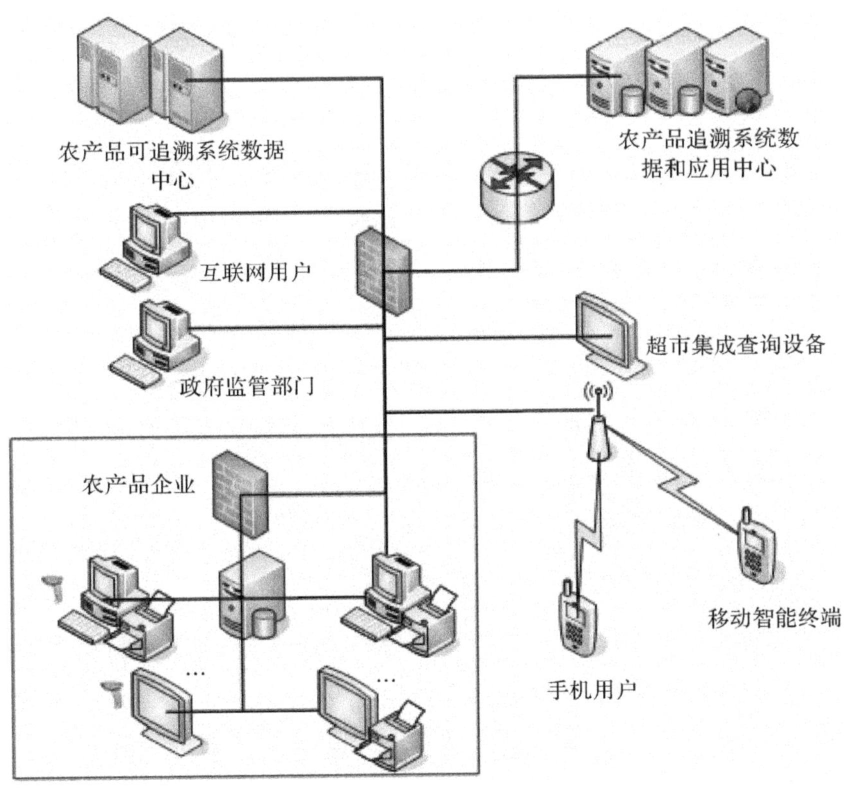

图 1-6　基于物联溯源的农业电子商务平台的网络结构

第 2 章　农业电子商务大数据中心

2.1　农产品全过程的信息采集传输系统

农产品全过程的信息采集传输系统针对农产品从生产、流通、加工到零售的各个环节，是基于全过程的农产品质量安全信息采集机制与溯源模型。本书建立此模型是用于研究面向电信级运营的农产品物联网数据传输通道管理机制；研究面向多类型传感器数据的传输与融合技术，构建融合多类型传感器参数的无线传输系统；针对农作物经营环节，研究基于 RFID 的物联网信息采集技术、基于移动监控的视频采集技术、基于智能手机终端的展示技术等，实现对农产品全过程的信息采集与传输。具体包括以下三个方面。

2.1.1 农产品信息采集机制

农产品信息采集机制用于对产品的产地环境、生产过程及流通环节实行全程质量监控，识别影响农作物产品生产与品质的关键环节和要素，从而采取适当的控制措施防止危害的发生。本书将农产品供应链分为五个控制环节，具体为农产品的种植(养殖)、流通加工、质量检测、储运、销售，通过对每一个环节的有效控制，实现对农产品“从农田到餐桌”的整个过程的监控。具体如图 2-1 所示。

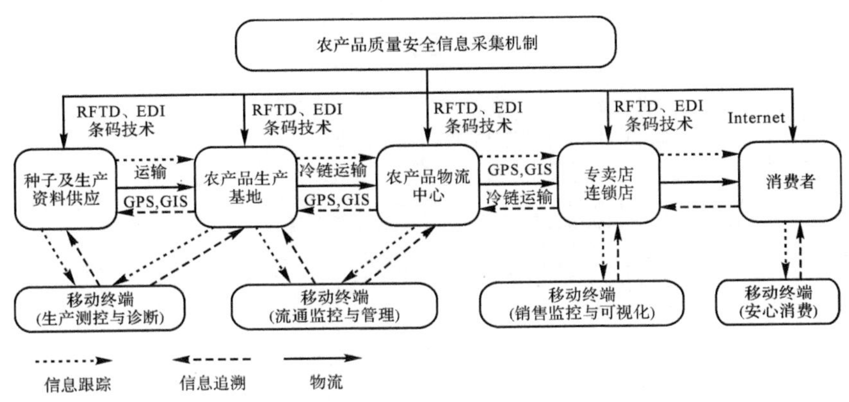

图 2-1　农产品信息采集全过程模型(供应链体系)

在生产与经营各环节中,读写器获得数据后,应用软件将信息更新和储存于相应环节的本地数据库,并根据整个供应链各合作伙伴间所约定的共享或保密信息,将需要共享的信息通过 Internet 传输,更新相应的电子产品代码(Electronic Product Code,EPC)农产品信息存储站点的数据库。政府、合作伙伴和消费者可以根据所授的权限去访问、查询共享的 EPC 农产品信息数据库和各个环节的本地数据库,以便为实现农产品安全管理做出合理的供应链决策等。具体如图 2-2 所示。

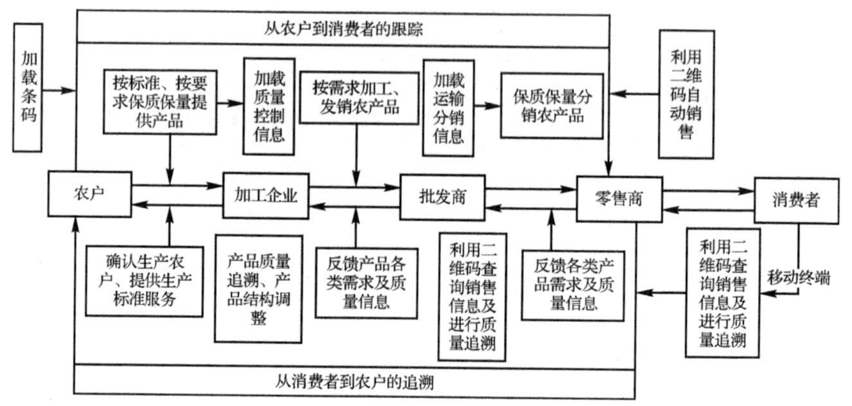

图 2-2 农产品物联信息采集与溯源的信息流程

2.1.2 农产品数据传输系统

本书利用农产品数据传输系统研究电信级农业物联网安全信息服务技术(WSN 安全＋电信级农业物联网),利用二维码或基于 EPC 标准的 RFID 标签给农产品整个供应链的各相关方提供有关农产品生产、产地、运输、仓储、加工、装卸等方面的实时、全面与准确的电子化信息采集。在农产品生产阶段,生产者把产品的名称、产地等信息存储在二维码或 RFID 标签中;在产品收购时,批发商利用标签的内容对产品进行快速分拣,按不同种类给予不同的收购价格;在产品加工阶段,由加工者把加工日期、保质期、存储条件等信息添加到二维码或 RFID 标签中;在运输和仓储阶段,在仓库的进口、出口安装固定读写器,自动记录产品的进、出库信息。研究针对农产品生产流通过程中的二维条形码技术采集农产品档案信息,借助二维码可以直接表示汉字的特点,系统选择其中最重要的信息如农药残留、保鲜期等直接记录在二维码中，利用二维码技术建立起农产品供应链、全流程的数据记录和数据与物体之间的可靠联系，消费者通过手机实时地对农产品进行跟踪与追溯，确保手中农产品的质量。具体如图 2-3 所示。

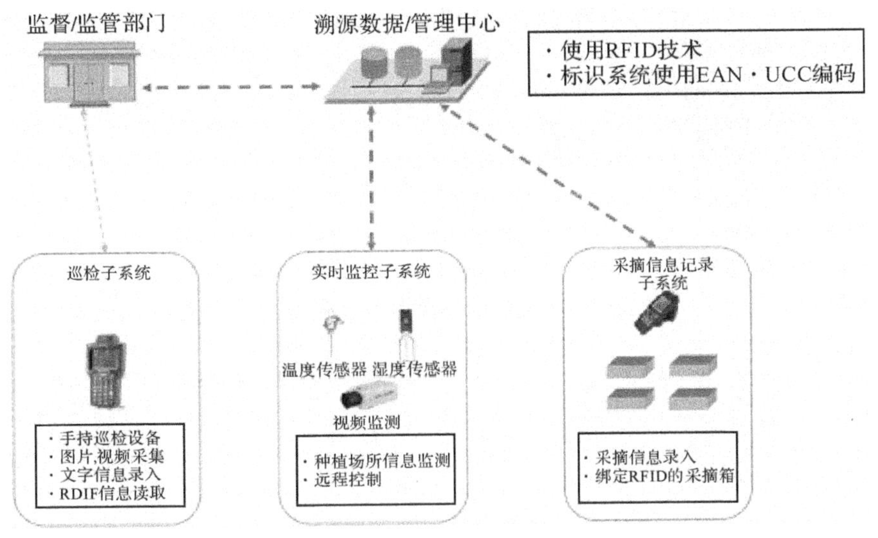

图 2-3　生产环节农产品数据传输系统示意图

2.1.3 农产品生产加工、流通零售环节的全过程视频监控系统

本书通过农产品生产加工、流通零售环节的全过程视频监控系统研究和设计基于 3G 多网络制式的农产品视频监控系统架构，开发支持多网络制式、多手机类型的移动全球眼手机客户端，并研究移动视频监控的压缩编码与传输方法以支持网络融合和业务融合，用于农产品全过程的溯源视频实时采集与传输，监测与远程控制，将分散、独立的采集点图像信息进行联网处理，实现跨区域的统一监控、统一管理，满足客户进行远程监控、管理和信息传递的需求，为用户提供图像、声音和各种报警信号远程采集、传输、储存和处理等服务。具体如图 2-

4、图 2-5 所示。

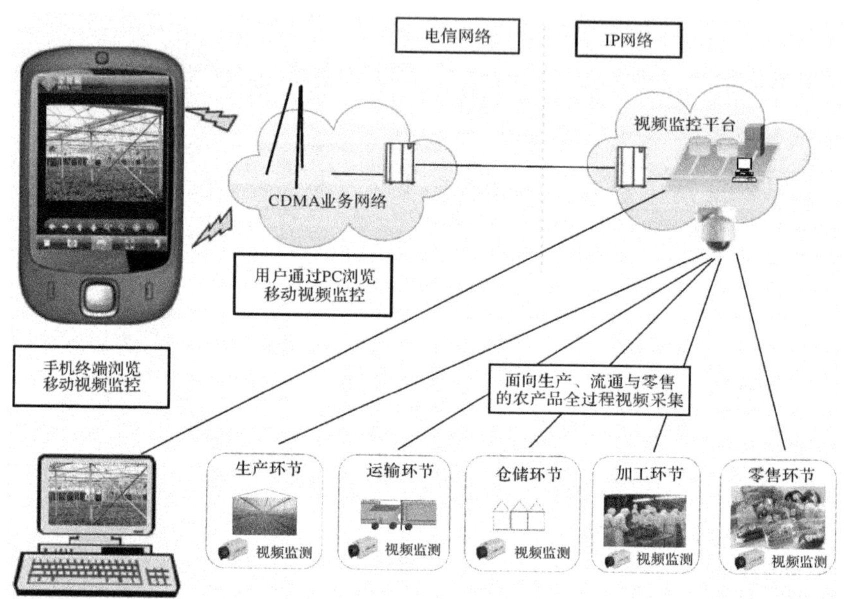

图 2-4 农产品全过程视频监控系统架构

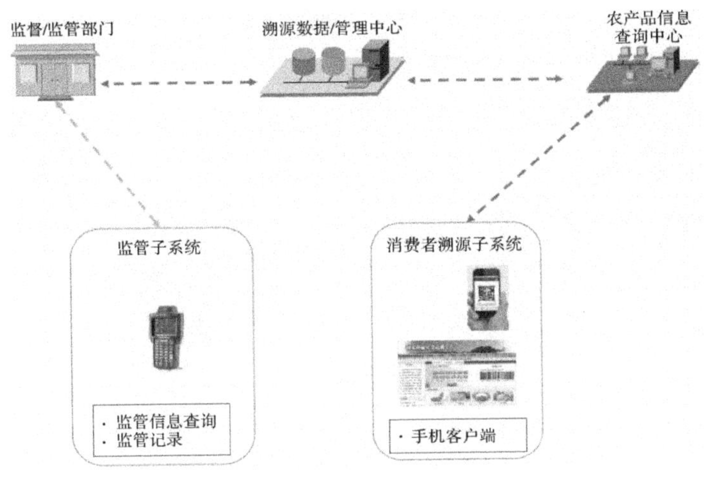

图 2-5　零售环节农产品信息采集系统示意图

2.2　农产品溯源与安全预警

面向物联溯源与安全监测预警的农业数据中心主要通过相关的农产品企业的客户端，利用数据集成技术，采集农产品种植、水质质量、用药施肥、除草灌溉、病虫害防治、流通加工、检疫、储运和销售等各环节的数据，并对数据进行处理，响应企业及消费者的查询需求，并对相关业务进行实时监控。具体包括以下两个方面。

2.2.1 农产品信息资源交换与共享

要想实现农产品信息资源的交换与共享，就需开发包括农产品溯源信息、农户信息、流通信息、平台信息等的数据库构建技术和结构化异构数据的兼容技术，开发基于 XML 的异构数据转换接口，实现各子系统和部门间的交换与共享；分析异构应用系统和异地之间的数据交换技术；研究基于网络化的信息资源共享技术和数据库安全技术，实现各农产品、各属性数据、记录有权限地存取，实现农产品溯源信息资源的网络化共享。

该信息资源交换与共享平台是农产品溯源体系各部门之间数据交换的高速安全通道，具有高安全性、可扩展性、平台化、标准化等特性。在该平台上可处理多种交易和数据，可适应农产品溯源与电商业务的发展和变化。具体如图 2-6 所示。

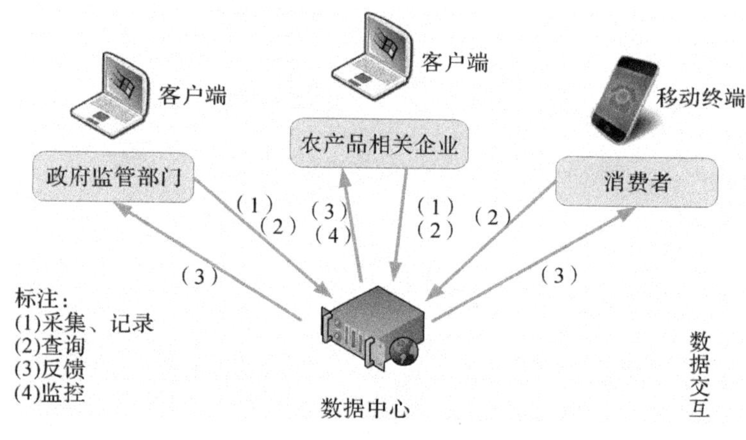

图 2-6 数据中心工作示意图

2.2.2 物联溯源与安全监测预警

数据中心子数据库包括农产品企业及部门备案数据库、农产品安全知识数据库、农产品追溯监控数据库、企业统计分析数据库、安全预警数据库。

1)农产品企业及部门备案数据库

追溯系统供应链上涉及的农产品企业及相关部门较多，该数据库集中对企业信息、部门信息进行管理，除了企业名称、地址等基础信息之外，还涉及企业信誉等级的记录，具体如图 2-7 所示。

企业名称：杭州**农产品有限公司 地址：杭州江干区**街**号 联系电话：******** 信誉等级：5级	主要经营范围：瓜子、豆类、杂粮、果脯、花生

图 2-7　企业信息展示图

2)农产品安全知识数据库

该数据库主要存储了追溯系统中农产品的相关知识，包括农药知识、农产品安全信息。当消费者利用移动终端或者 PC 进行查询时，数据中心就能够将相关结果反馈给消费者。

3)农产品追溯监控数据库

供应链上各个环节上传的数据需要进行整合处理，从而形成统一的追溯信息链。同时，建立相应的农产品追溯码，查询特定需求信息。以白菜的追溯码为例，查询其生产信息，则如图 2-8 所示。

品名：白菜	农田地址：***
种植企业：**农产品有限公司	施肥信息：生物肥（***）
水质等级：优秀	病虫害记录：***
土壤等级：优秀	批次号：***

图 2-8　农产品生产信息图

4)企业统计分析数据库

在供应链中存在大量的信息,企业可以利用这些数据进行统计分析。因此,该数据库根据企业的需求整合了必要的数据,数据包括农产品的销量数据、农产品在各个环节的成本数据、销售点数据、价格数据、企业信息、追溯编码等。企业根据分析得到的结果进行相应的决策。

5)安全预警数据库

农产品的储存、运输、销售都存在较为严格的要求。数据中心会对农产品存储的温度、出入库、运输路线、运输人员、运输温度和保质期等方面时刻进行监控,防止对农产品造成损坏及不合格的产品流入市场,并且对农产品市场价格异常波动进行预警。以仓库监管为例,白菜的存储需要严格控制温度、湿度。在储存中,利用数据采集设备,实时将这些数据传递到数据中心,当发生异常时,及时通知企业采取措施。

五个数据库之间的关系如图 2-9 所示。农产品追溯监控数据库的数据为实时采集的数据,可以作为企业统计分析数据库及安全预警数据库的源数据。农产品企业及部门备案数据库及农产品安全知识数据库可以作为农产品追溯监控数据库的补充数据,提供更加详细的企业信息或者与农产品相关的信息。

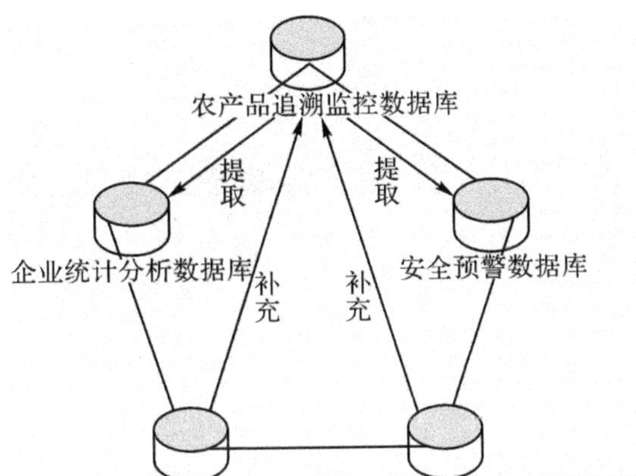

图 2-9　农产品数据中心各个数据库的关系图

第3章　农业精细化公共服务

3.1　融合物联感知与移动监控的公共服务系统架构

融合物联感知与移动监控的公共服务系统用于分析研究 SOA 架构、资源配置、技术集成等技术，设计面向精细农业公共服务平台的层次化框架结构；研究硬件层基于无线传感器的数据采集与感知技术，实现对大气温度、农田作物、农田土壤肥力、酸碱度等信息的采集；研究无线传感器网络的自组织组网机制、路由策略、网络拓扑结构与协议、节点维护、数据通信等核心算法等，设计网络层的数据传输和预处理方法；研究数据层的无线传感器数据的传输、融合和预处理技术，研究移动视频监控压缩处理方法；研究农作物的领域本体模型及推理机制，设计农作物生长环境的本体模型和自适应模型；研究面向农业生产者、领域专家、经营者等的各种应用服务，为用户提供知识、决策和分析等服务。融合物联感知与移动监控的精细农业公共服务系统的具体系统架构如图 3-1 所示。

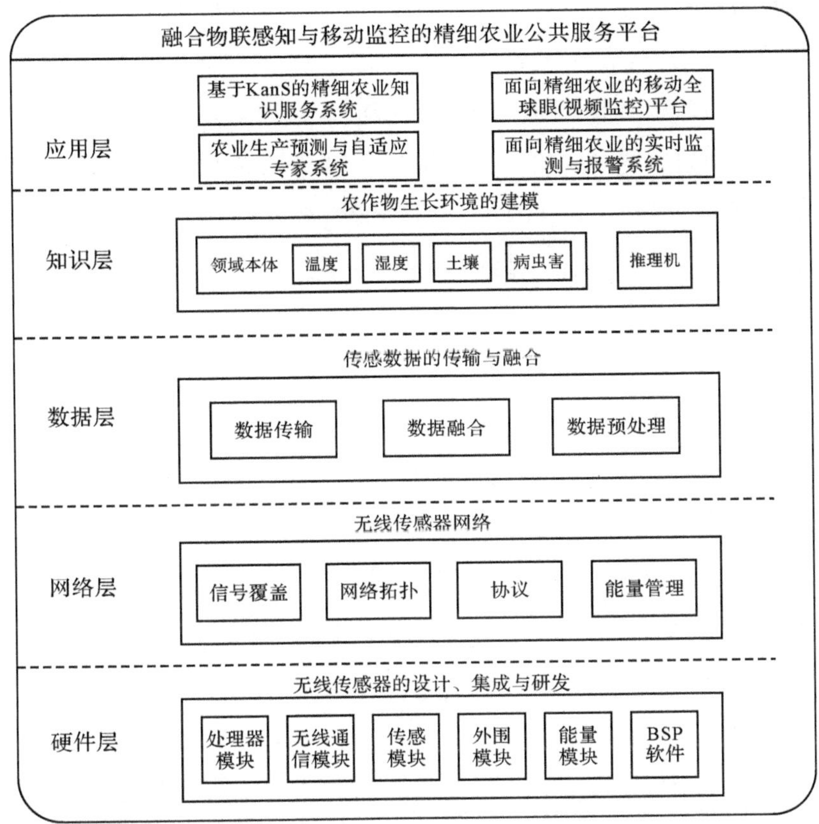

注:KaaS 指 Knowledge as a Service,知识作为服务,下文同。

图 3-1　融合物联感知与移动监控的精细农业公共服务系统架构

3.2　公共服务系统的网络结构设计

要设计公共服务系统的网络结构,就需要研究精细农业公共服务系统的网络拓扑结构，实现各资源的有效整合；研究集成农业现场温度、湿度、光照度、土壤含水量等的有线、无线多网络融合传输方式；研究融合多网络的数据编码格式和通信协议规范，包括提供给远程终端模块使用的数据采集通信规范、采集数据编码格式、采集数据校验方法等；研究基于移动手机的视频监控网络架构技术，实现对农产品进行视频监控的可靠稳定。具体的精细农业公共服务系统网络结构如图 3-2 所示。

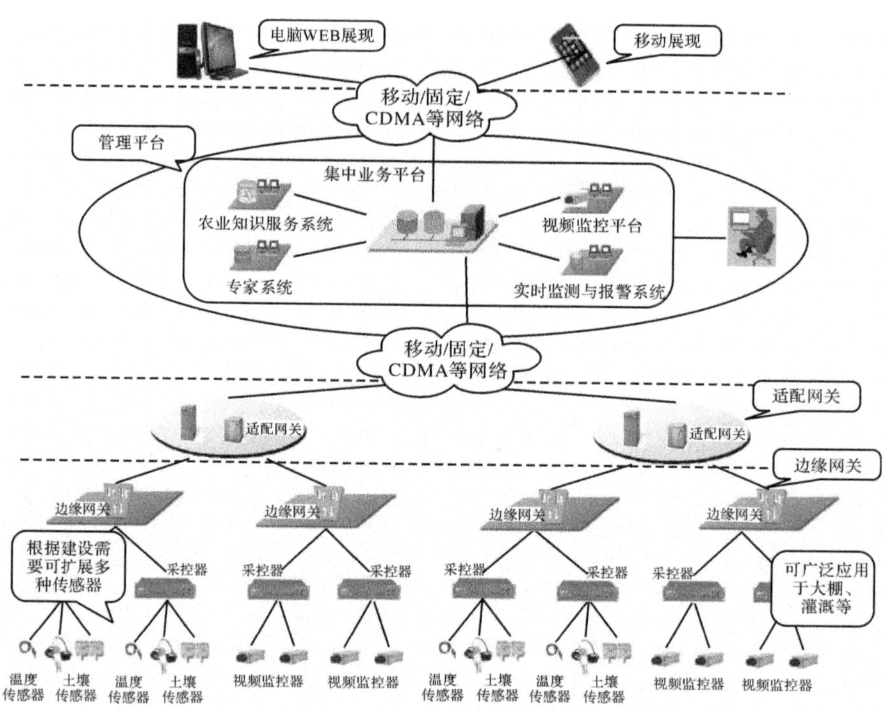

图 3-2　融合物联感知与移动监控精细农业公共服务系统的网络结构

3.3　农业精细化生产的全球眼系统

研究并设计基于 3G 的多网络制式的精细农业移动全球眼系统架构，涉及的内容包括移动终端软件（MCU）、移动全球眼业务平台（MSP）、移动流媒体服务器（PSS）、移动视频接入单元（VAU）等的农业移动视频监控应用架构。该系统需要支持网络融合和业务融合，实现多网络接入、多终端（手机、PC、PDA 等）类型支持，满足用户远程视频查看、决策与控制等的要求。

设计并开发支持包括 3G/CDMA200/WCDMA 等多网络制式，支持多种类型手机及 Windows CE，Windows Mobil，BREW 和 Android 等多种操作系统的移动全球眼手机内置监控客户端软件（MCU），提供对监控现场的远程视频浏览、云镜控制、录像、视频截图等，实现在任何时间任何监测点对农作物生长状况进行监控；研究融合物联应用与移动监控的手机客户端软件，实现对农业生产的信息搜索、实时状态显示、智能控制、视频查看、阈值设定等客户端服务。具体的一些移动全球眼手机客户端软件界面如图 3-3 所示。

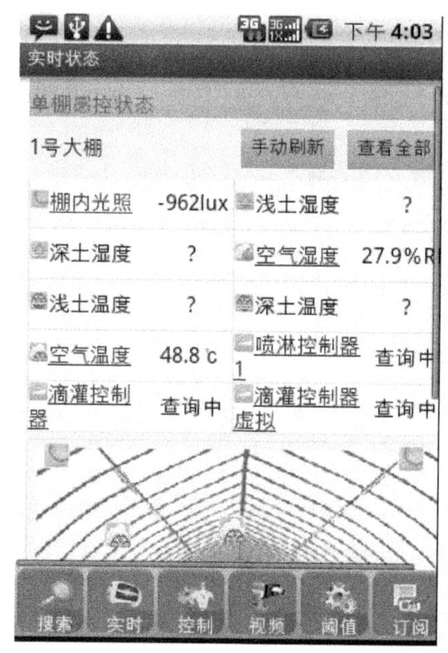

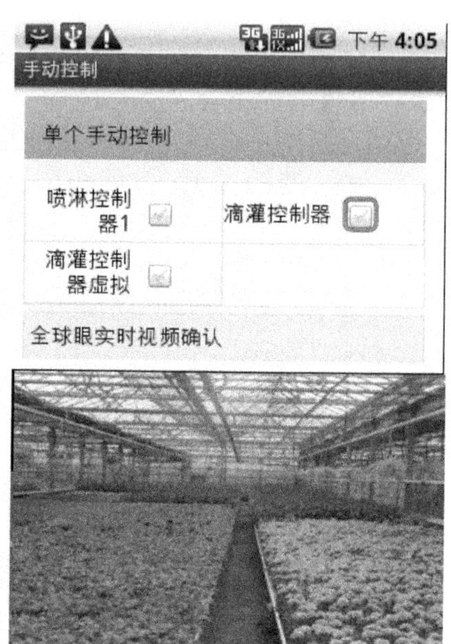

图 3-3　手机客户端——精细农业实时状态和远程控制界面

3.4　自适应模型与闭环优化控制系统

本书针对大棚作物生产环境中温度、湿度、光照等被控量之间存在的强烈的耦合关系，研究基于自适应模糊控制器的农作物模糊控制推理机制；在采用专家知识库、实时检测数据的基础上，研究基于农业专家知识库、面向精细农业的数据挖掘和自适应建模等辅助手段的农业生产自适应模型与闭环优化控制系统，具体如图 3-4 所示。

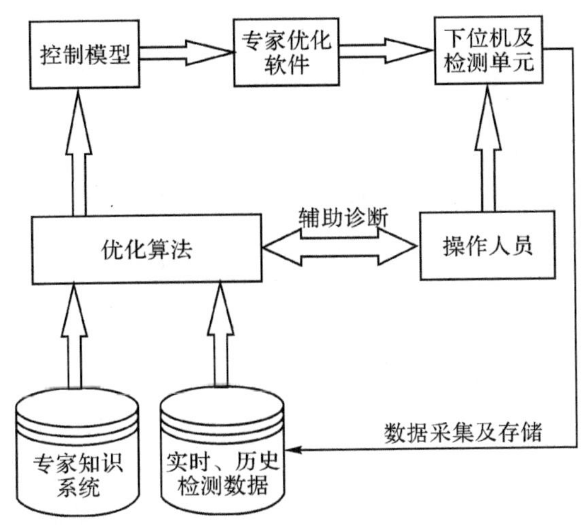

图 3-4　农业生产自适应模型与闭环优化控制系统设计框架

本书设计并开发农田(大棚)作物生长状态、环境因子的实时监控系统,分析研究得到农田(大棚)作物多环境因子的实时监测方法;研究对不同层次的土壤进行温度、湿度、土壤有机质等环境因子的监测方法,以获得更加全面准确的环境数据;针对实时监测数据,结合专家系统设定的阈值和推理结果,研究对多个位置的环境因子进行监控和报警的系统,具体如图 3-5 所示。

图 3-5 面向精细农业的实时监测与报警系统界面

3.5 精细农业知识服务平台

精细农业知识服务平台主要用于研究定制农业知识服务的实现方式，快速监测数据的查询方法，农作物种植问题的求解方法，知识过滤技术等；研究设计平台的基础服务层、KaaS 知识服务层和多元展示层三个层次架构；研究并设计基于 KaaS 的精细农业知识服务平台，实现农业知识库的管理、更新、查询等功能，为农户、农业公司、农场、政府决策部门等多元用户提供多层面、功能可定制的服务。具体如图 3-6、图 3-7 所示。

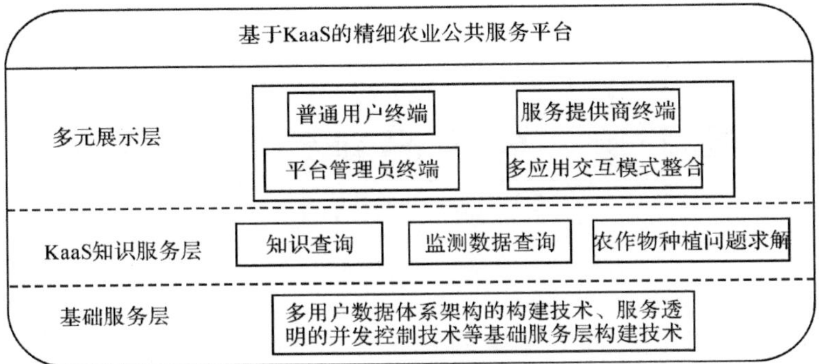

图 3-6 基于 KaaS 的精细农业知识服务系统架构

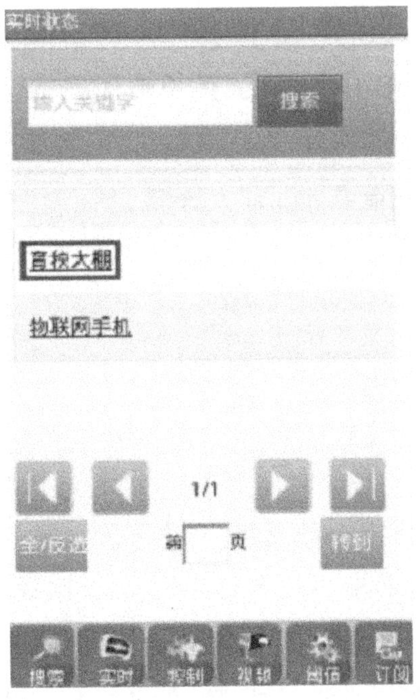

图 3-7 农业知识服务系统手机端界面

第 4 章　农产品买卖“新”渠道

一方面，我们针对农业金融服务需求，设计并开发具有高集成度、小而专用、价格便宜、安全可靠的包括移动/固网支付终端、手机银行/移动支付、多媒体自助服务终端等在内的农业新型金融服务终端。

另一方面，基于全过程监测的农产品电子商务系统主要是为农业企业、农产品网商及社区、市民提供快速便捷的电子商务渠道和公共服务，并集成通道类账户、联盟商户类账户、其他关联类账户等多种支付账户体系，实现企业自助、后台管理、核心功能、统计分析决策等功能。

4.1　电话支付终端

我们针对硬件，研究分析了固网 PSTN/移动网络/TD-SCDMA 等多种通信方式的网络传输音频、数据码流，一方对接收另一方的数据流进行解析，设计并开发融合多种通信的移动/固网支付终端。终端分为五块板卡：MCU 主板、电话及接口功能板、LCD 板、键盘板及 U-KEY 接口板。在硬件设计方面，我们采用 SUNPLUS GPTC6608 作为核心处理器，该芯片集成模拟电话 DTMF、FSK、CAS 调制解调器（可选），实现音频信号处理、LCD 控制、键盘扫描等模块功能。具体如图 4-1 所示。

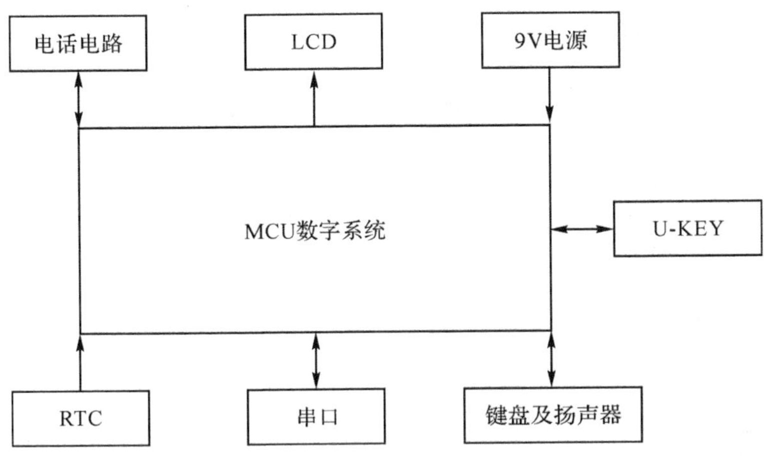

图 4-1　融合移动/固网多通信模式的电话支付终端整机功能框

软件方面，我们研究移动/固网支付终端如何利用电话网络与支付中心进行信息交互，实现基于银行卡、医保卡等各种益农卡的各种业务功能。软件除具有普通电话的电话控制和通话处理的功能外，主要还可以通过电话链路同支付中心进行银联交易并具有键控显示的人机交互界面与打印等功能(图 4-2)。

图 4-2　融合移动/固网多通信模式的支付终端外观

4.2 手机银行终端

手机银行终端用于分析面向农村金融的手机银行功能需求，研究国际上成熟的单芯片 NFC 移动支付技术、系统模型及支付方式。针对手机银行终端设计基于 Java Card 和 NCF 技术的手机支付移动模型，分析符合 PBOC2.0 标准的 IC 卡结构和加密算法，并针对多标签情况下的碰撞研究设计基于动态二进制防碰撞算法；设计包括银行账号查询、银行转账、账单支付、电子支付、交易提示及系统助理等的手机银行功能，开发面向农村新型金融服务需求的手机银行/移动支付终端。具体如图 4-3、图 4-4 所示。

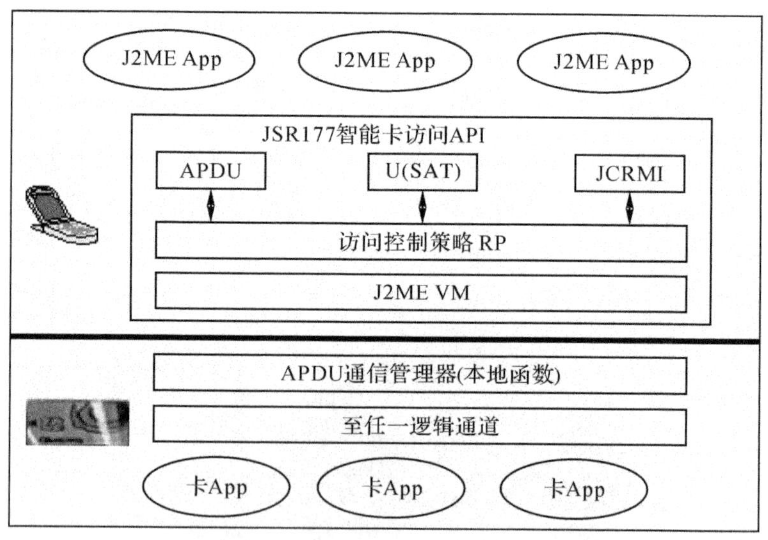

图 4-3 融合移动/固网多通信模式的支付终端外观

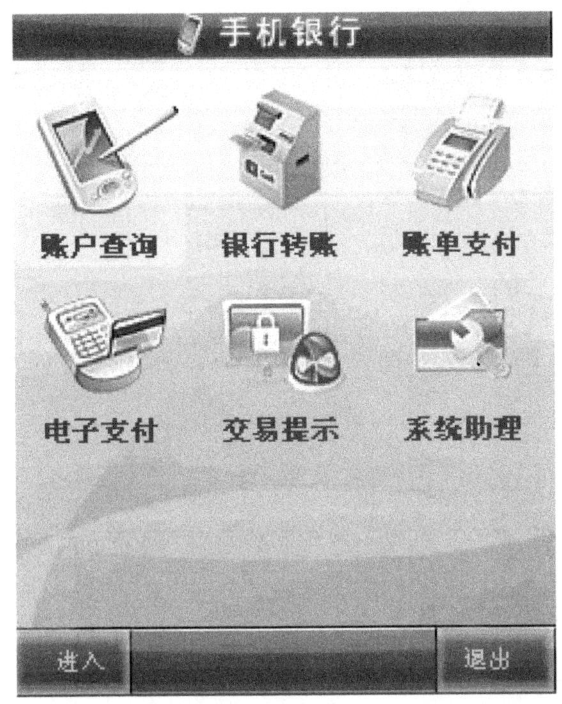

图 4-4　手机银行终端软件界面

4.3　多媒体自助服务终端

针对农民交电费难、人员分散、文化程度低、不熟悉银行业务等问题，我们设计并开发了面向农业电子商务的多媒体自助服务终端（图 4-5）。我们通过研究农村环境下的统一网关接口与 C-S 双重安全认证机制，实现多媒体自助服务终端从银行统一接入银行的前置机进行数据传输，交易数据通过银行内部网络传输到管理与交易服务器，再接入银行业务接入前置进行统一处理。

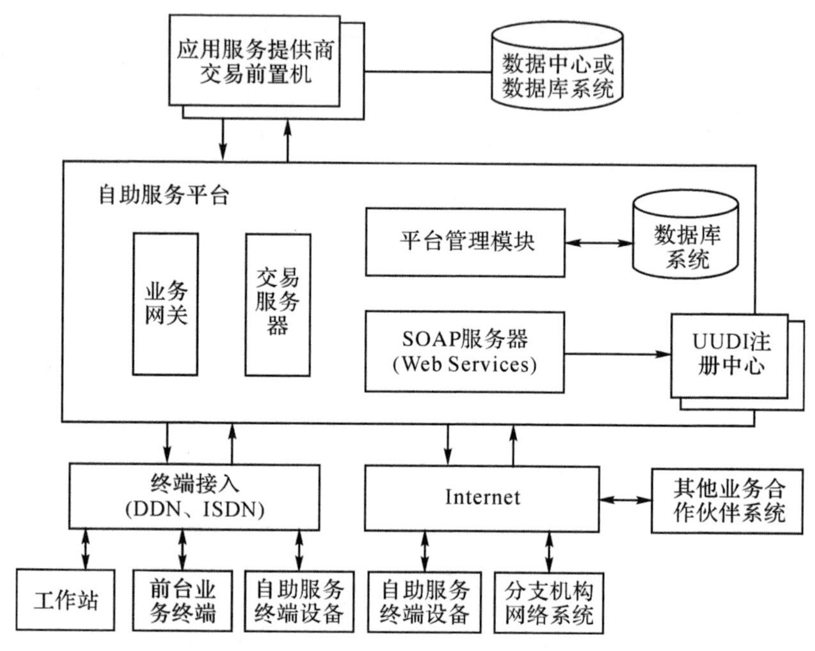

图 4-5　多媒体自助服务终端的系统架构

多媒体自助服务终端的应用层为客户展现交易界面及交易结果，业务层展示了由银行实现交易的后台处理过程。农民通过多媒体自助服务终端（图 4-6）实现包括存折查询余额、存折查询明细（农村补贴明细等）、存折缴费（手机费、电费、水费等）、存折补登、卡查询余额、卡查询明细（医保费用明细等）、卡缴费（手机费、电费、水费等）、修改卡密码等功能。

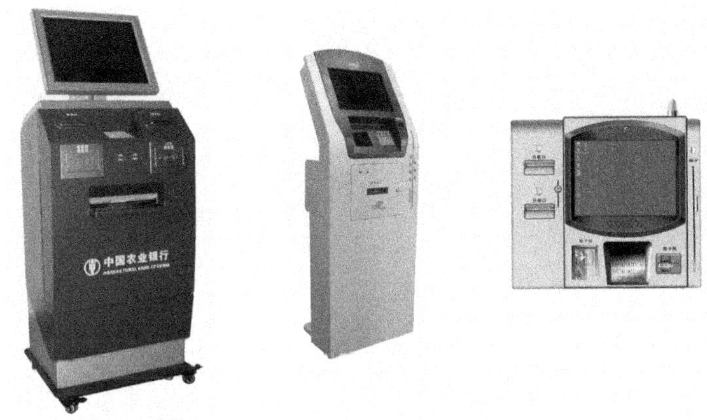

图 4-6　不同类型的多媒体自助服务终端外观

4.4　面向农产品电子商务的多账户体系

我们通过面向农产品电子商务的多账户体系主要分析研究包括后付费、预付费及充值付费卡类的通道类账户，包括用户支付账户、积分账户、代金券账户等的个人消费类账户，包括如银行卡、支付宝、财付通等的金融类关联账户，包括如市政/公交/市民卡及联华超市等联盟商户账户、企业内部账户、行业消费卡账户的第三方行业关联类账户，市民卡自有账户、积分账户、代金券/优惠券账户和通信账户，以实现针对不同状况进行的农产品电子支付。具体如图 4-7 所示。

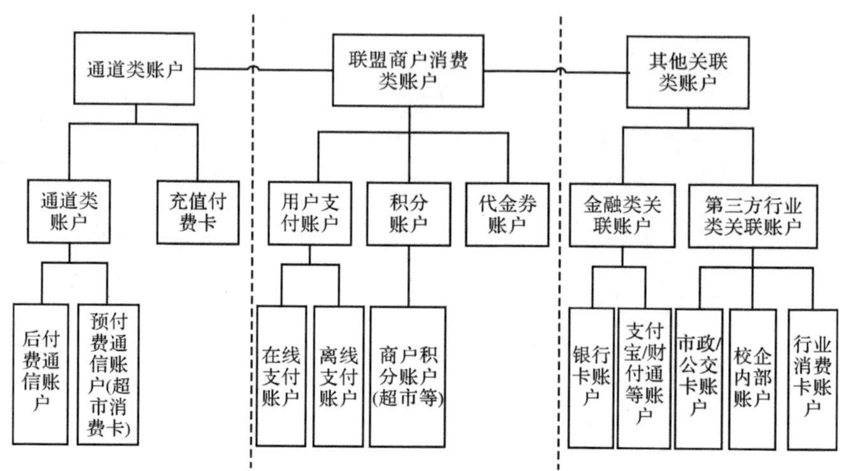

图 4-7 面向农产品电子商务的多账户体系图

4.5 集成溯源与多账户支付的电商系统

设计集成溯源与多账户支付的农产品电子商务系统的层次化框架结构，开发农产品电子商务系统的外部接口模块、农产品溯源系统接口模块、统计分析模块、企业自助模块、运营管理模块等，为政府监管者、农业企业、消费者等用户提供农产品电子商务交易、统计分析等各种公共服务功能。系统具体架构如图 4-8 所示。

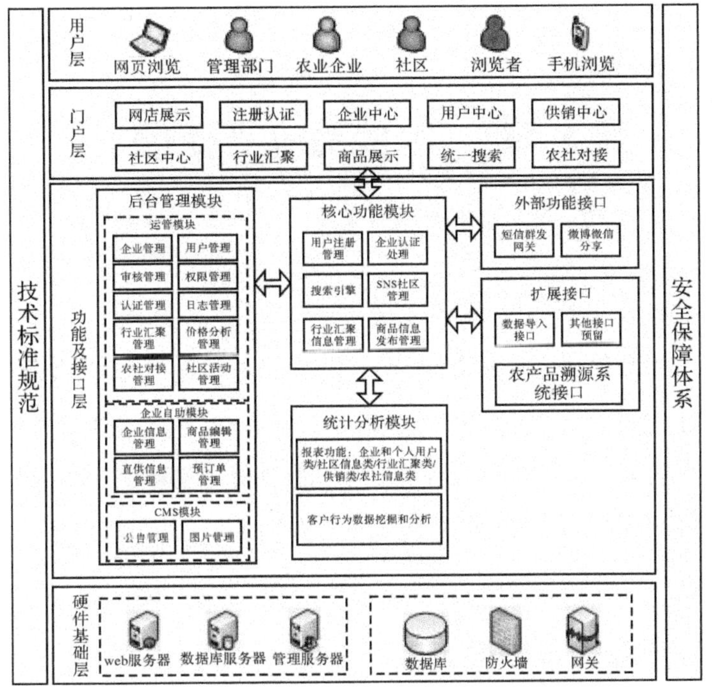

图 4-8　集成溯源与多账户支付的农产品电子商务系统架构

第5章　农业增值“新服务”

融合物联信息与视频监控的农产品追溯系统主要是利用物联网技术把农产品生产、流通和销售环节中采集到的数据贯穿起来，对农产品全程进行记录和追溯监控，并对农产品追溯信息进行整理、分析、评估和预警，再以溯源专用终端、移动手机等，实现政府、农户、消费者与系统的交互。具体包括以下三个方面。

5.1　安全预警与应急处理系统

针对农产品物流配送模式的关键环节，基于自营农产品物流配送模式、农产品物流配送联盟模式、第三方配送模式和农产品物流一体化配送模式这四种配送模式的关键要素，对农产品进行危险有害因素辨识与分析。农产品安全预警与应急处理系统（图5-1）是在对农产品进行危险有害因素辨识与分析的基础上，集预警参数、事件安全分析与预警、事故应急处理等功能于一身的综合信息系统。该系统利用物联网技术，由传感器、逻辑运算器、最终的控制单元（执行器）、上位机和网络通信系统组成，同样具有远程访问接口。农产品安全预警与应急处理系统运行在专用服务器上，可以通过公用或专用网络实现数据交互和共享。

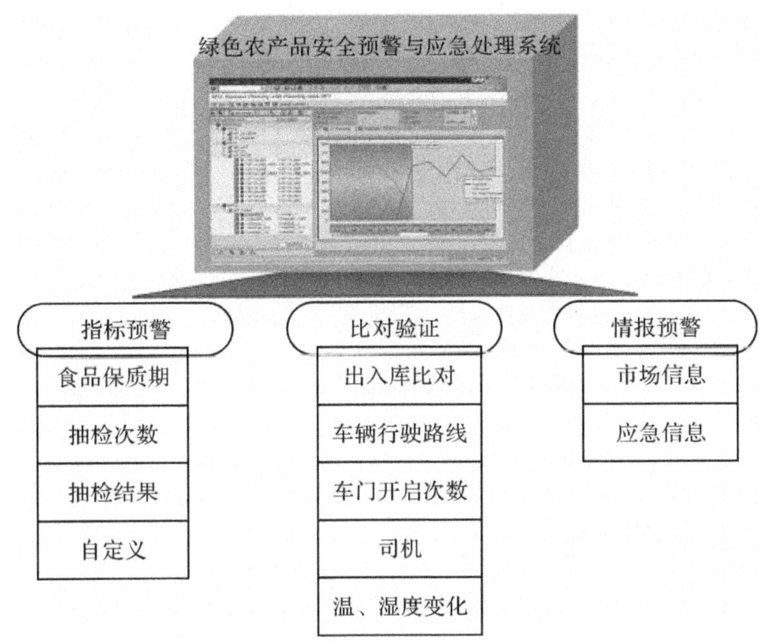

图 5-1　农产品安全预警与应急处理系统

安全预警与应急处理系统通过对指标预警(食品保质期、抽检次数、抽检结果等)信息、实时信息的监控(市场信息、反恐情报等)和比对验证(出入库比对,温、湿度变化等),实现事故提前预警与报警;当事故发生时,接收方接收到事故报警信息,即为应急处理提供了翔实而准确的信息,这有利于启动相应的应急预案,同时,这些信息有助于应急处理方的科学决策和指挥调度。

5.2　生产与流通追溯系统

我们利用 RFID 电子标签、二维条码、无线网络传输、视频监控技术等，开发出农产品生产与流通环节的追溯系统(图 5-2、图 5-3)，消费者和政府监管机构通过手机或者专用终端不仅可以查询农产品的生产信息、运输信息，还可以查看加工、仓储等信息，实现对农产品全过程的实时监测，追溯管理，验收交接管理，预警管理，报表管理等功能。

(1)实时监测：生产环节，对原产地、种植信息、加工分装信息等实时监测；流通领域内，对运输环境、温度、物流箱等进行全天候的监控。

(2)追溯管理：通过追溯系统后台，对生产加工环节内种植信息、加工分装信息等采集和确认；对流通领域内产品、车辆、温度信息的采集和确认，实现透明追溯管理。

(3)验收、交接管理：通过便携式终端，采集和确认物流过程中的所有信息，避免纠纷。

(4)预警管理：流通领域中，发现环境温度超标，系统后台会及时发出警告。

(5)报表管理：系统后台会生成各种报表，供用户分析和管理。

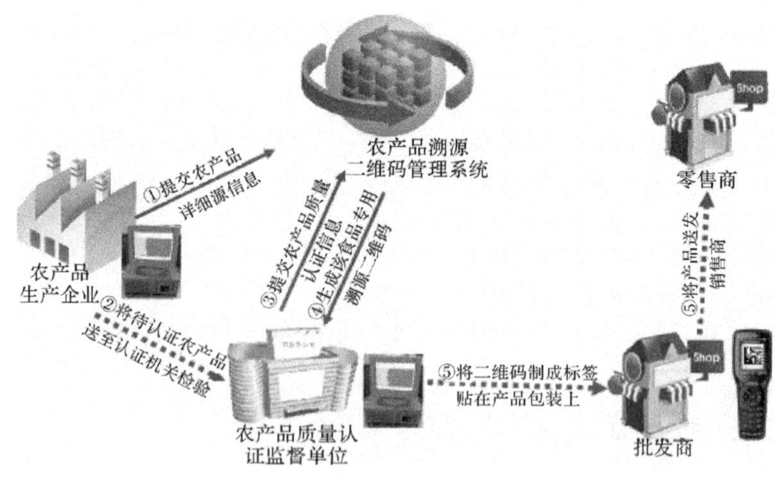

图 5-2　面向农产品追溯的流通流程示意图

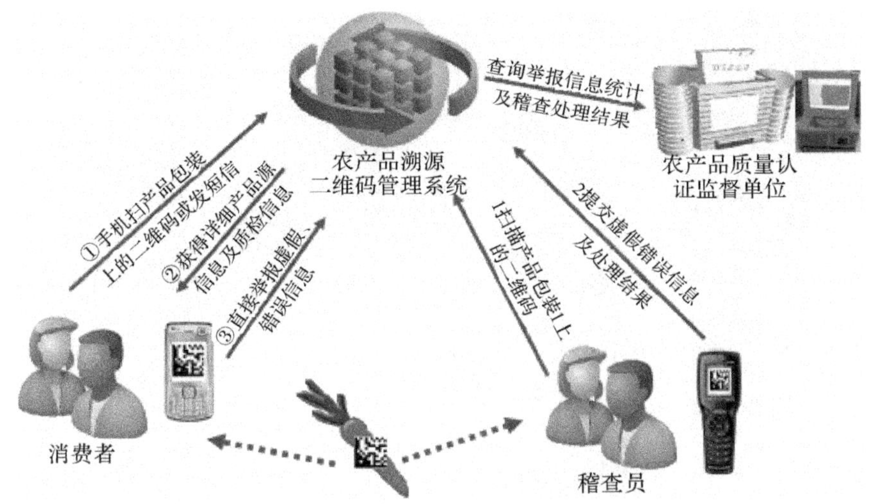

图 5-3　农产品溯源查询及稽查流程示意图

5.3　手机终端与专用管理终端软件

手机终端软件是面向农产品溯源的手机终端软件，为消费者、零售商提供农产品溯源查询、违规举报等功能，通过手机终端软件产品扫描农产品的溯源二维码后，可以查询产品的溯源信息。面向农产品溯源的管理专用终端软件，则是部署在市场、超市的管理人员的专用终端软件，向市场管理人员提供对农产品的市场巡检、监管信息查询等功能。具体如图 5-4 所示。

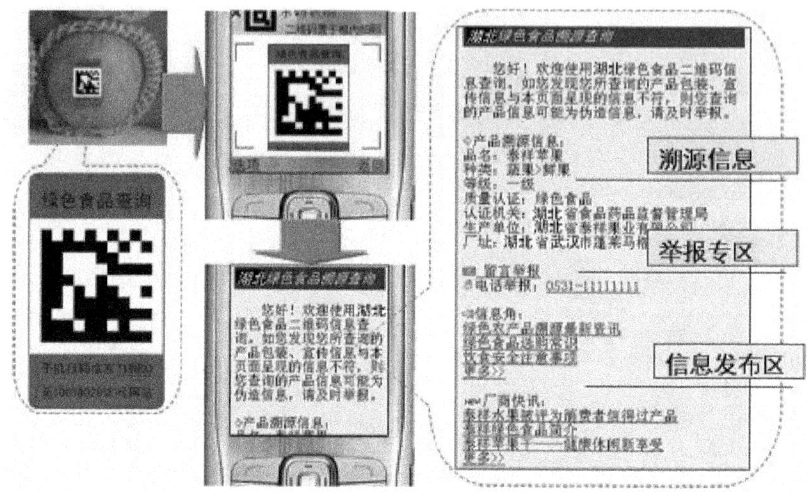

图 5-4　农产品溯源信息查询示意图

第 6 章　农业“新”生命
——跨域挖掘与复合域应用

传统的数据挖掘往往仅通过销售领域数据去挖掘其销售特征和模式，如通过关联分析挖掘顾客的农产品消费模式和购买倾向，通过分类分析区分不同消费能力的顾客，通过聚类分析定位出不同消费偏好的顾客等。然而，某种农产品是否好卖、何时何地对哪种消费者好卖、好卖背后的原因是什么，实质上不仅受销售领域的销售时间、销售单位、销售区域、销售方式等因素影响，还会涉及其他领域的诸多因素，如生产领域的产品时间、生产单位、生产地域、生产环境等，加工领域的加工环境、加工标准等，安检领域的安检时间、安检方式等，配售领域的配送方式、配送路线等。因此，为更有效、更准确地挖掘出潜在的知识和模式，本书综合生产、加工、安检、配送和销售等多个领域的数据，进行基于全生命周期数据的综合分析和挖掘。

6.1　全生命周期跨域挖掘管理系统

本节运用频繁模式、关联规则等挖掘算法，采用相似性、相关性等方法，研究基于全生命周期关系序列的序列关系模型。以单个域为挖掘起始，研究能生成跨域挖掘的模型，并在此基础上形成基于情境复合域的全生命周期跨域挖掘管理框架。将农产品供应链设计成拥有符合该领域的域情境特征和域基础特征，感知模块以 RFID 和二维码作为识别装备，参考 RFID 技术的标准体系的空中接口规范、物理特性、读写协议、编码体系、应用规范、测试规范、数据安全和应用管理等规范，研究设计面向农产品供应链的感知数据标准，并将感知模块域情境数据和域基础数据融合构成情境复合域数据。在搭建的云平台感知网络上根据农产品供应链每个域中都包含的感知模块的感知域基础数据和域情境数据的变化，将感知数据传递到云平台中进行统一管理。基于 RFID 的农产品安全追溯模块实现农产品身份的自动识别，以域标识编码、上市日期等为索引，对应复合情境数据库中产地的环境信息、生产中化肥农药使用和饲料投放等信息，实现系统的查询、追溯，跨域监测管理等功能。具体的基于情境复合域的全生命周期跨域挖掘管理框架如图 6-1 所示。

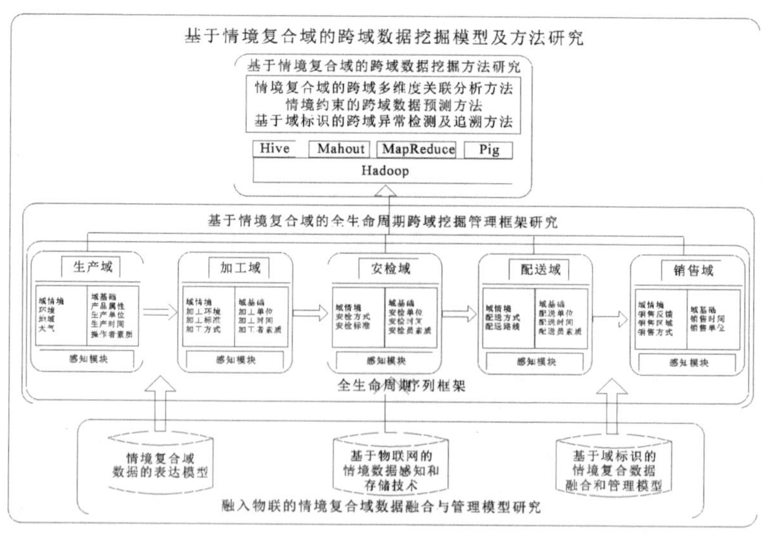

图 6-1　基于情境复合域的全生命周期跨域挖掘管理框架

6.2　跨域数据挖掘模型

本书对情境复合域下多维数据的关联规则挖掘算法进行了研究，实现了对频繁模式的动态获取。在设计基于情境约束的跨域数据预测算法时，本书考虑到情境的约束条件，构建多目标优化的分类预测方法。为有效地发现和追踪跨域海量动态数据流的异常，本书采用自适应二维码为基础的情境域标识方法，设置安全阈值，实现异常监测及追溯。

本书对农产品情境复合域的相关数据进行深入挖掘，降低农产品流通过程中的成本，利用数据挖掘技术提高生产、流通、加工环节的利润，使其更精细化。对跨领域的多维数据库挖掘高层次关联规则，在多维数据库的框架下，基于表之间的联系，进一步对客户、市场、销售等领域进行分析和评估；在域标识的基础上集成无线传感器网络技术、手机通讯、RFID 和数据挖掘等关键技术，实现农产品跨域的异常监测。针对信息采集模块用无线传感器网络实时采集农产品的产地及加工域的环境信息，采集生产域的湿度、温度、水质和光照等环境信息，采集农药的使用、饲料投放等生产信息，为安全的追溯跟踪提供实时数据；基于 RFID 的农产品安全追溯模块可以实现农产品身份的自动识别，以域标识编码、上市日期等为索引，对应复合情境数据库中产地的环境信息、生产中化肥农药使用和饲料投放等信息，实现系统的查询、追溯功能；跨域的监测管理包括监测样点优化规划、监管信息、信用信息及产品投诉与建议等。具体如图 6-2 所示。

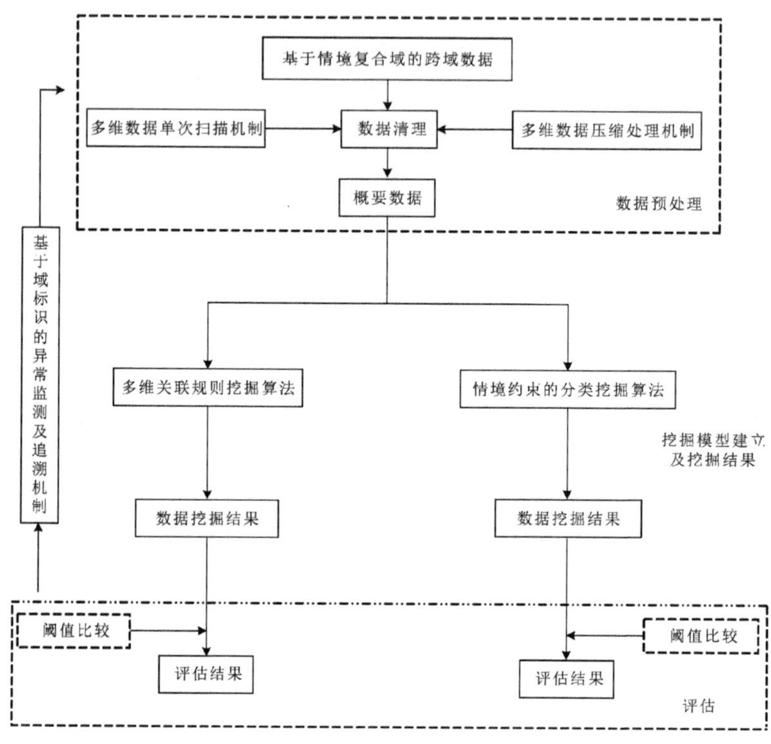

图 6-2 基于情境复合域的跨域数据挖掘模型

6.3 精细农业实时监测与报警系统

本模块主要研究农田(大棚)作物生长状态、环境因子的实时监控和报警功能及其系统实现情况。为此,本模块设计并开发了农田(大棚)作物生长状态、环境因子的实时监控系统,统计分析得到农田(大棚)作物多环境因子的实时监测方法。同时,本模板还研究对不同层次的土壤的温度、湿度、土壤有机质等环境因子的监测方法,以获得更加全面的准确的环境数据;研究针对实时监测数据,结合专家系统设定的阈值和推理结果,对多个位置的环境因子进行监控和报警的系统。

在无线传感器网络的数据采集系统收集的数据基础之上,我们经过统计分析得到在农田(大棚)作物的多个位置进行环境因子的实时监测的数据;结合专家系统设定的阈值和推理结果,再对多个位置进行环境因子的实时监控和报警。本系统模块负责控制现场的数据,需要上位机和下位机协同工作,完成监控和报警任务。上下位机软件的关系采用客户用/服务器模式,下位机提供服务,响应上位机的请求。

系统的下位机软件部分的设计采用多层软件结构进行,分为用户表示层、数据接口层、数据组织层、设备虚拟层和设备层五层,层与层之间有明确的接口定义,从而保证多层之间可以协作共同完成任务。这种结构具有很大的灵活性,首先各层可以运行在不同的机器上,充分利用不同机器的处理能力;其次只要层与层之间的接口保持不变,那么各层的变化不会影响到其他层。用户表示层用于提供一个人机交互接口,将数据或图像发送到上位机,便于操作人员对设备的监控和操作。数据接口层用于为数据提供一个通道,保证数据上下交互。数据组织层用于将来自设备的数据组织成规范的标准数据,便于上位机的使用。设备虚拟层用于采集设备数据,执行具体业务逻辑的操作和运算,在这层中针对不同的设备采用不同的协议。设备层用于硬件连接各种仪表和现场设备。在软件设计中,我们采用共享内存的方式来传输数据而不是采用管道的方式,大大提高了传输的速度。

茶园的实时监控与报警系统的界面如图 6-3 所示,其重要环境因子——温度、湿度的历史数据如图 6-4 所示。系统可以统计并监测一段时间内茶叶大棚内的最低温度、平均温度和最高温度，当温度低于15℃或者高于26℃时，系统将自动报警，湿度监测同样如此。

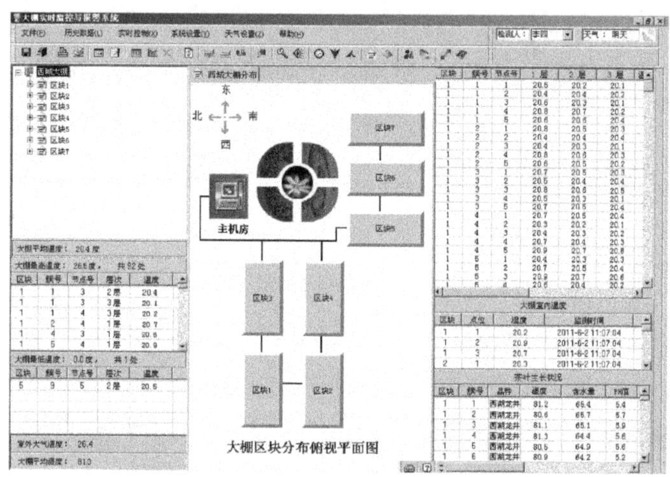

图 6-3　茶叶大棚实时监控与报警系统

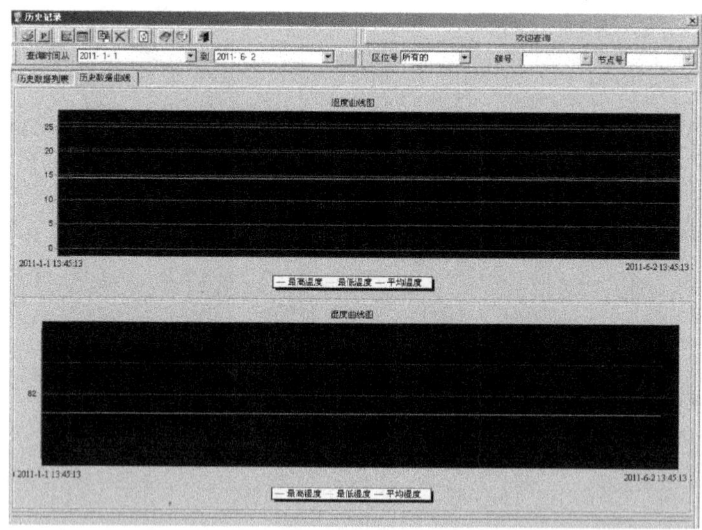

图 6-4　环境因子——温度、湿度的历史数据界面

此外，系统还能对不同层次的土壤的温度、湿度、土壤有机质等环境因子进行监测，以获得更加全面准确的环境数据，如图 6-5 所示。

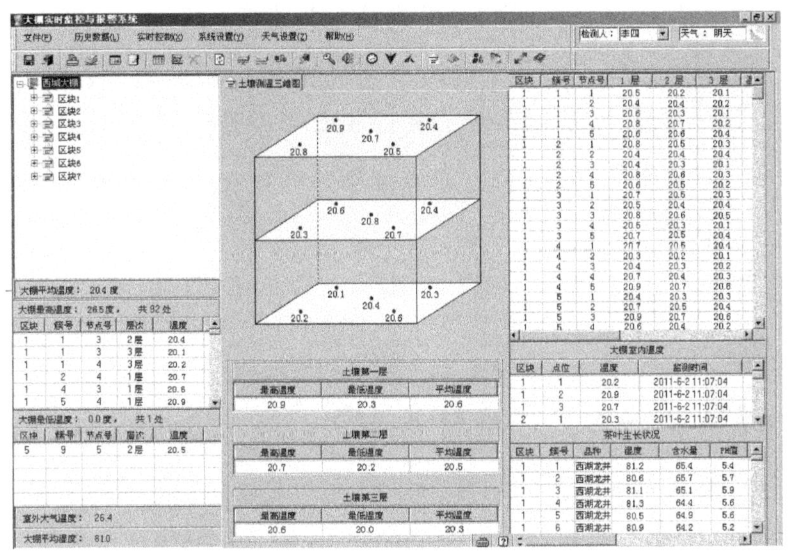

图 6-5　不同层次的土壤温度数据监控界面

6.4　农产品安全预警与应急处理系统

对于农产品的生产领域来说，典型的域基础数据包括生产时间、生产地点、生产单位、生产者素质等，而域情境数据包括生产环境（空气质量、土壤、水质、日照时间）、生产天气（温度、湿度、降雨量）等。对于农产品的销售领域来说，典型的域基础数据包括销售时间、销售地点、销售单位、销售者素质等，而域情境数据包括销售天气、销售方式、销售区域偏好、销售反馈等。为此，针对农产品物流配送的模式的关键环节，基于自营农产品物流配送模式、农产品物流配送联盟模式、第三方配送模式和农产品物流一体化配送模式这四种配送模式的关键要素，该系统对农产品进行危险有害因素辨识与分析；农产品安全预警与应急处理系统是在对农产品进行危险有害因素辨识与分析的基础上，集预警参数、事件安全分析与预警、事故应急处理等功能于一身的综合信息系统，实现对事故的提前预警与报警。当事故发生时，通过该系统接收事故报警信息，为应急处理提供翔实而准确的信息，进而启动相应的应急预案，为应急处理的科学决策和指挥调度提供服务。

6.5 精细农业知识服务系统

本书通过精细农业知识服务系统研究并设计定制农业知识服务的实现方式、快速监测数据查询方法、农作物种植问题求解方法、知识过滤技术等；研究并设计了基于跨境挖掘的精细农业知识服务系统的基础服务层、KaaS 知识服务层和多元展示层三个层次架构，实现了农业知识库的管理、更新、查询等功能，为农户、农业公司、农场、政府决策部门等多元用户提供了多层面、功能可定制的服务。主要研究内容包括基础服务层、KaaS 知识服务层和多元展示层三个层次，具体内容和实现方案如图 6-6 所示。

1)基础服务层

在基础服务层研究基于跨境挖掘的精细农业知识服务系统基础服务层的多用户数据体系架构、支持事务隔离的并发控制、跨平台的分布式、基于元数据的平台定制等技术。

采用多用户数据体系架构的构建技术。多用户数据体系架构的构建技术从确保安全性、创建可扩展数据模型及数据基础结构的可扩展性等多个方面构建了多用户环境下的数据体系架构。该技术是实现服务平台应用可扩展性和可配置性的技术保障。

[illegible]的精细农业知识服务系统架构

采用事务隔离的并发控制技术。由于服务平台具有数据高度密集的特性，事务是平台内部不可缺少的部分。特别是在多用户环境下，用户之间的事务应当相互隔离、互不影响。并发控制技术就是针对多用户环境下的用户事务提出的隔离控制技术。

采用跨平台的分布式技术。单个平台的数据容量、传输性能及承载能力有限，因而多个协调工作的平台将能提供更优的服务。跨平台的分布式技术重点在于解决平台之间的数据通信、同步异步调用机制及访问安全等问题。

基于元数据的平台定制技术，可定制指的是针对平台中的同一服务，不同用户可以定制不同的使用风格和功能。基于元数据的平台定制技术从平台服务中抽取出共性概念形成各种配置域，并采用不同的配置策略来支持对元数据的定制。

2)KaaS 知识服务层

在 KaaS 知识服务层研究知识库的管理、更新、查询方法,定制知识服务的实现方式,快速监测数据查询方法,农作物种植问题求解方法,知识过滤技术等。具体为,第一,将平台服务总线中的附着结点转化为代理,通过对其的行为分析建立合适的信任模型,并按照该模型确定知识的可信范围。第二,通过对知识信息数据进行随机采样或专家定制,确定知识清洗的大致规则,通过交互式的用户清洗不断改进知识清洗规则。

3)多元展示层

针对农户、农业公司、农场、政府决策部门、管理者等多元用户,在多元展示层研究各种类型的展示终端,包括普通用户终端、服务提供商终端、平台管理员终端、多应用交互模式整合的开发。具体方案采用如下技术路线:

(1)随需应变的智能化定制技术。普通用户针对同一服务往往有不同的需求,用户通过前端的智能化定制技术,在底层基础服务的支撑下,可以构建满足自身需求的特殊应用实例。

(2)服务适配技术。在服务提供商开发符合平台规范的服务过程中,服务适配技术对原有系统在接口、语义和行为三个层次进行封装,从而使原有系统在尽可能小的改动下便能顺利接入平台。

(3)实时监控技术。平台运行过程中将有大量服务处于激活状态,不同的服务要求使用的系统资源虽各不相同,但是资源是被大量服务所共享的。实时监控技术可以监视系统资源的占用情况并及时发现资源使用中的冲突,从而控制系统状态以避免死锁等不良系统状态。

第 7 章 "新农人"的电商技能

7.1 基于 WSN[①] 的农作物生长数据采集与传输方法

7.1.1 基于 WSN 的具有开放特性的农作物生长数据收集方法

我们基于 WSN 的具有开放特性的农作物生长数据收集方法分析研究面向农作物生长的数据采集、传输和存储等技术，设计出了适应现代农业生长监测和数据收集的 WSN；开发出有效提高数据采集与传输可靠性、延长 WSN 的生命周期的农作物生长数据实时采集方法；针对农作物生长数据（比如大气温度、农田土壤肥力、酸碱度等）具有时间相关性、空间相关性和时空相关性的特点，研究出一种模型辅助的具有数据融合功能的传感器网络低耗数据收集方法，最大限度地减少网络数据传输量，降低网络数据传输功耗。主要包括：①农作物生长数据的时间域变化模型及其基于该模型的数据收集方法；②农作物生长数据的空间域变化模型及其基于该模型的数据收集方法；③基于农作物生长数据的时空相关性的数据收集方法。基于 WSN 的具有开放特性的农作物生长数据收集方法的总体结构如图 7-1 所示。

---

① WSN 指 Wireless Sensor Network，无线传感器网络。

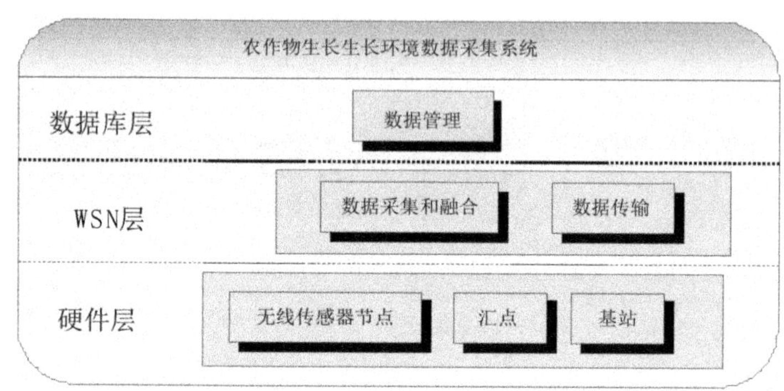

图 7-1　基于 WSN 的具有开放特性的农作物生长数据采集系统的结构

1）模型辅助的具有数据融合功能的传感器网络低耗数据收集方法

模型辅助的具有数据融合功能的传感器网络低耗数据收集方法涉及三方面的关键技术，分别采用如下解决方案进行农作物生长数据的采集：

（1）农作物生长数据的时间域模型及其基于该模型的数据收集方法。农作物生长参数在时间域上是一个渐进的变化过程，这个过程可以使用一个或者多个以时间为自变量的一元函数 $f(x)$ 来表示，本书拟采用曲线拟合的方法来确定函数 $f(x)$ 。在传感器节点刚开始工作时，不执行拟合算法，算法仅把上一次节点采集的数据作为模型并发送到基站，当数据集中到一定程度时才执行拟合算法。算法的有效性是通过检验所拟合出的函数 $f(x)$ 在每个拟合数据点的取值与拟合数据点的差异得出的。如果有一个取值与拟合数据之差超过允许误差，则认为所拟合的模型不理想，需要传送数据。通过这种方法可以保证当模型有效时能够节省能量，而当模型无效时系统的性能也不会下降。

(2)农作物生长数据的空间域变化模型及其基于该模型的数据收集方法。农作物生长参数在空间域上的分布通常也遵循许多空间规律。有的被监测量在整个网络区域内呈现统一的分布,而有的则在整个网络区域的分布不统一。对于不统一的情况,可以把整个网络区域分成互不重叠的子区域,使得每个子区域内的现象分布符合一定的模式。在划分后的每个子区域上,本书拟采用线性回归模型来建模被监测量的空间分布,其线性系数通过方程组求解的方法来获取。为了得到目标曲面,需要将区域内的节点的数据集中到一个节点上进行分析处理。本书由于采用了分簇的拓扑结构,选定簇首进行分析处理。数据收集时,成员节点将其收集的数据发送到簇首节点,簇首节点对数据进行分析处理,得到表示数据空间分布的模型 M ,然后将一个模型的复本 M' 发送到基站,基站利用模型 M' 就可以估计簇中所有节点的监测数据。接下来,如果簇首节点收到的簇内节点的数据,连续多次都符合模型估计值,则接下来簇首节点不再往基站发送数据;如果出现了不相符的情况,则重新计算模型 M 并更新基站的复本 M' ,如此反复。此方法可以利用空间数据相关性有效地减少所需传送的数据量,从而降低能量消耗。

(3)基于农作物生长数据的时空相关性的数据收集方法。对于既存在时间相关性,又存在空间相关性的农作物生长数据,则可以将这两种方法结合起来以降低数据收集能耗。每个节点维护一个时间域上的预测模型。节点被组织成簇,簇首节点除了拥有每个簇成员所维护的时间模型的一个复本外,还维护簇内所有成员数据的空间分布模型。对于每个一般节点所维护的时间模型与每个簇首节点所维护的空间模型，基站都拥有这些模型的一个复本。此方法先利用时间域上的相关性减少数据传输量，再利用空间相关性进一步减少数据传输量。

2)基于卡尔曼滤波的容迟传感网自适应路由模型及算法

基于卡尔曼滤波的容迟传感网自适应路由算法涉及三个关键点。

(1)定义了移动无线传感器节点的上下文属性及其效用函数。移动节点的上下文属性主要包括发送概率、缓存空间利用、节点能量、连通频率、节点所属逻辑组等属性，也可能还有其他与应用相关的属性，将上下文定义为一个属性集，即 $Context = (X_1, X_2, \cdots, X_n)$ 。将属性 X_i 的效用函数定义为 $U_i(x_i)$ ，其中 x_i 代表属性 X_i 的取值。拟将效用函数值最大化作为优化的目标，采用属性权重的方法计算最终的发送概率。不同的属性具有不同的基本变化规律，效用函数就是要描述其基本变化规律，拟将其设为一个具有学习能力的泛函。

(2)设计了基于卡尔曼滤波的上下文属性的预测算法。其中，关键是设计了时间系列的状态空间模型，包括观测方程和状态方程的设计。预测方程拟定义为一个时间序列 $Y_t = G_t X_t + W_t$ ，其中 $\{Y_t\}$ 表示一组 w 维的观测值，$\{X_t\}$ 表示一组 v 维的输入状态值(效用函数值)，$W_t = WN(0, R_t)$ 表示白噪音(均值为 0，方差为 R_t)。$\{G_t\}$ 是一个 $w \times v$ 矩阵的时间序列。状态方程拟定义为：$X_{t+1} = F_t X_t + V_t$ ，其中 $V_t = WN(0, Q_t)$ 表示白噪音(均值为 0，方差为 Q_t)。$\{F_t\}$ 是一个 $v \times v$ 矩阵的时间序列。为了降低计算复杂度，本书假定两个噪音项的时间序列不存在相关性，即对于任意的 s 和 t 存在 $E(W_s, V_t^T) = 0$ 。基于最小均方误差和 t 时刻的 Y 值定义 X 的最佳线性预测值为 $P_t(X) \equiv [P_t(X_1) \cdots P_t(X_v)]^T$ ，其中 $P_t(X_i) \equiv P(X_i \mid Y_0, Y_1, \cdots, Y_t)$ ，即在 Y

系列作为自变量时 X_i 的最佳取值。依据这一预测模型，在一个一维的系统中($w=v=1$)，$t+1$ 时刻 X 的预测值可通过以下简化模型得到：$\hat{X}_{t+1}=\hat{X}_t+\frac{\Omega_t}{\Omega_t+R_t}(Y_t-\hat{X}_t)$，其协方差误差为 $\Omega_{t+1}=\Omega_t+Q_t-\frac{\Theta_t^2}{\Omega_t+R_t}$。

(3)设计了路由表及其更新策略。路由表结构拟包含以下域：目标节点(targetId)、下一 hop 的节点(nextHopId)、距离(dist)、最佳节点(bestHopId)、发送概率(deliveryProb)。路由表更新策略拟设计为每个节点的路由表按照一个设定的周期与其他可连通节点交换，当一个节点接收到其他节点的路由表时，检查具有相同目标的表项。对于同步路由信息，如果距离小于等于本地表项，则将本地表项更新；对于异步路由信息，如果发送概率大于等于本地表项，则将本地表项更新。当节点的路由表已满，又需要增加新的表项时，替换策略设计为先替换逻辑上认为不可达的表项，再替换最低发送概率的表项。

3)农作物生长数据的分布式管理方法

针对农作物生长数据采集的持续性可能导致海量数据的特点，本书采用分布式的方法来管理农作物的生长数据，并通过主控副本方法来保持数据的一致性。由于采集数据具有时间域特性，存储数据的更新策略引入了时间特性，根据采样时间的先后进行更新，同时也可按照数据的重要程度来定制更新策略。针对现有系统数据采集渠道单一、方式封闭的缺陷，本书结合农作物生长数据收集方法具有多样性的特点，比如农民可以通过经验手工采集数据，可以借助专用设备辅助采集，更可以通过 WSN 自动采集，拟采用一种开放模式的数据管理方法，为多种数据采集方法获得的数据提供并入接口，将它们一同纳入数据管理系统。

7.1.2 面向精细农业的分散多传感器节点的低功耗组网机制传感器网络

此网络综合了传感器技术、遥测遥控技术、嵌入式计算技术、分布式信息处理技术和无线通信技术，能够协调地实时监测、感知和采集各种环境或监测对象的信息，并对其进行处理，传送到控制中心。传感器网络是一种基于大量具有传感功能的小型移动设备构造的网络。目前需要解决的主要问题包括网络节点的动态自组、路由控制策略、MAC 协议等，这些问题的解决同时又必须考虑感知节点的能量受限(电池供电)的问题。能量受限是传感器网络能否实用的生命线，因此，WSN 的节点要求必须是低功耗的。

ZigBee 能节省大部分能量归功于 IEEE802.15.4 协议，其本身是针对低功耗而设计的。IEEE802.15.4 协议采用 DSSS(Direct Sequence Spread，直接序列扩谱技术)取代 FHSS(Frequency-Hopping Spread Spectrum，调频扩谱)技术，这是由于后者为保持同步调频会消耗较多的功率，ZigBee 的 MAC 层有两种信道访问机制：Bpnom-beacon 网络和 beacon-enabled 网络。non-beacon 网络采用标准 ALOHACSMA-CA 方式，节点成功接收到信息包后能产生一个积极的回应。Beacon-enabled 网络采用超帧结构，这一方面为了专有的带宽和少的反应时间，另一方面为了通过网络协调器设定在预定的时间间隔内传输标识 beacons。

ZigBee 采用一种“准备好才发送”的通信策略，也是为了尽可能地节省能量。它只在有数据发送时才发送数据，然后再等待自动确认。“准备好才发送”是一种“面对面”式样的方案，也是一种能量效率非常高的方案。这种"面对面"式策略让RF所受的干扰非常少。这主要是由于ZigBee节点具有非常低的占空因数,只是偶尔发送信号而且只发送小量的数据。

ZigBee通过减少对相关处理的需要来进一步节省能量。一个简单的8位处理器就可以轻松地完成ZigBee的任务,而且ZigBee协议栈占用很少的内存。例如,一个功能更强大的全功能设备FFD(Full Function Device)栈需要大约32 kb内存,而一个精简功能设备RFD(Reduced Funciton Device)栈只需要4 kb内存。比它们复杂得多的蓝牙技术则需要占用250 kb内存。ZigBee相对简单地实现了需求,也节省了费用。RFD由于省掉了内存和其他电路,自然降低了ZigBee部件的成本,而简单的8位处理器和小协议栈也有助于降低成本。

为此,本书设计了面向精细农业的分散多传感器部署方式,设计了有效能量控制的数据收集与路由协议,对湿度、温度、土壤成分和病虫害等采用无损覆盖范围的能量有效数据收集生成树构造算法以实现只让部分节点参与数据收集过程,在覆盖整个监测区域的情况下获得最优能耗。

本书所设计的支持精细农业的智能监测与服务系统,其数据的采集是通过基于ZigBee协议的WSN来实现的。数据采集是精细农业的基础,其数据的精确性对之后的挖掘分析与决策具有重要影响。因此,实现农业数据采集的低能耗与高精度是本模块的目标。

1)WSN节点组成及能耗分析

WSN由大量体积小,成本低,具有无线通信、传感、数据处理的传感器节点组成,无线传感器节点是网络的基本单元,节点的稳定运行是整个网络可靠性的基本保证。无线传感器节点负责传感和信息预处理，响应监控主机和指令发送数据，它一般由数据采集模块（传感器、A/D 转换器）、数据处理和控制模块（微处理器、存储器）、数据通信模块（无线收发器）和供电模块（电池、Dc/Dc 能量转换器）等组成，无线传感器节点的基本结构如图 7-2 所示。

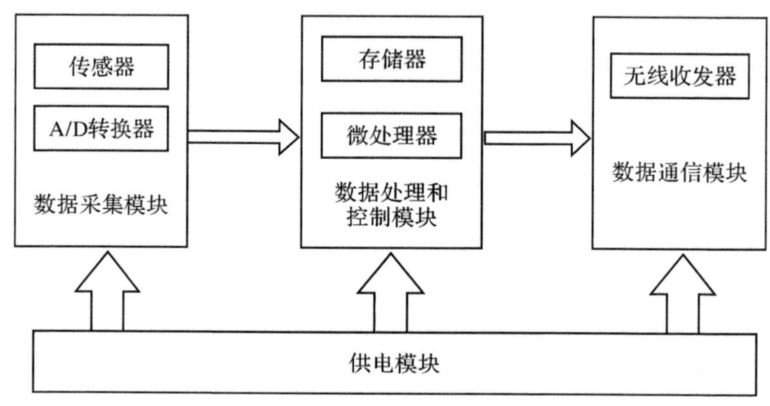

图 7-2　无线传感器节点的基本结构

在 WSN 中，每个节点的功能都是相同的，大量传感器节点被布置在整个被观测区域中，各个传感器节点将自己所探测到的有用信息通过初步的数据处理和信息融合后传送给用户，数据传送的过程是通过相邻节点的接力传送的方式传送回基站，然后通过 GPRS 或者有线网络连接的方式传送给最终用户。因此，节点在网络中可以充当数据采集者、数据中转站或类头节点的角色。作为数据采集者，数据采集模块负责收集周围环境的数据（如温度、湿度等），土壤的 pH 值，土壤湿度等，再通过通信路由协议直接或间接将数据传输给远方基站或汇节点；作为数据中转站，节点除了完成采集任务外，还要接收邻居节点的数据，将其转发给距离基站更近的邻居节点或者直接转发到基站或汇节点；作为协调节点的节点，负责收集该类内所有节点采集的数据，经数据融合后，发送到基站或汇节点。

典型的无线传感器节点结构如图 7-3 所示，它由四部分组成：由微处理器或微控制器构成的计算子系统；用于无线通信的短距离无线收发电路的通信子系统；将节点与物理世界联系起来，由一组传感器和激励装置构成的传感子系统；电源子系统，包括电池和 AC-DC 转换器。

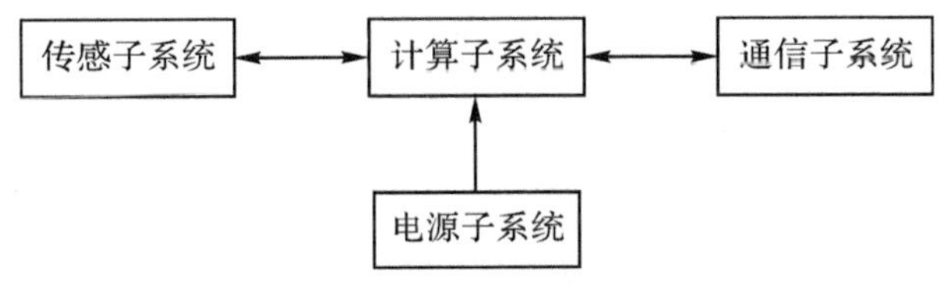

图 7-3 节点系统框

下面就分别对上述四个部分进行简单的能耗分析。

(1)计算子系统。计算子系统的数据处理单元负责控制整个节点的处理操作、路由协议、同步定位、功耗管理和任务管理等。处理器模块是无线传感器节点的计算核心，所有的设备控制、任务调度、能量计算和功能协调、通信协议、数据整合和数据转储程序都将在这个模块的支持下完成，处理器的选择在节点设计中至关重要。

计算子系统的能源消耗差在数据处理单元产生，出于电源管理的目的，数据处理单元通常有活跃、空闲和睡眠等多种操作模式，每种模式有不同的电源消耗。微处理器功率消耗分为两大部分：内核消耗功率和外部接口控制器消耗功率，总的功率等于两者之和。对于内核消耗功率来讲，关键在于其供电电压和时钟频率的高低：对于外部接口控制器消耗功率来讲，除了留意各个专门 I/O 控制器的功耗外，还必须关注地址和数据总线宽度。

综上所述,低功耗处理器的选择主要从单片机的工作电压、提供的低功耗模式及减少外围电路等方面去考虑。在本书中选用 ATMEL 公司的 Atmega8L 单片机。在工作范围内,Atmega8L 的工作电压范围很宽,为 2.7～5.5V。而多数单片机的工作电压范围很窄,为 5V。Atmega8L 单片机提供三种低功耗模式,以利于在各种模式下实现低功耗模式。工作电流达到 μA 级,功耗实现了超低,而多数单片机实现的低功耗较少,并且工作电流一般只达到 lnA 级。在外围器件上,Atmega8L 单片机集成了 12 位或 8 位 A/D 模块、FLASH 存储单元等,降低了外围电路的复杂程度,也降低了系统的功耗。而一般的单片机还需要增加外设单元,增加了功耗。Atmega8L 采用 8 位 RISC 结构,丰富的寻址方式,简洁的内核指令,较高的处理速度,大量的寄存器及片内数据存储器使之具有强大的处理能力,丰富的片内外设可使整个电路变得异常简化,减少了节点的功耗和体积。另外,Atmega8L 的运行环境温度范围为－40～＋85℃,可以适应各种恶劣的环境,也非常适合于传感器网络的应用。

(2)通信子系统。通信子系统负责与其他节点进行无线通信、交换控制消息和收发采集数据,其中无线通信损耗的能量占了整个 WSN 能耗的主要部分,因此对这一模块的选择事关低功耗设计的全局。我们可以采用下列措施来减少无线通信模块的能量损耗。

一是减少通信流量。通过减少通信模块发送和接收的比特数,能降低无线通信模块的能耗。减少通信流量的方法有以下几种:①本地计算和数据融合。对传感器节点采集的原始数据和各个节点汇集的相关数据进行处理,发送有用信息,可以有效减少通信量。②减少冲突。如果两帧同时发送,它们会相互重叠,导致接收到的信号难以被辨认，需要重传才能把信息正确发送到目的地。冲突引起的重传造成很大的能量浪费，减少冲突可以有效节约能量。③增加错误检测和校正机制。增加错误检测可以尽早发现错误，校正机制可以校正少量比特错误的数据包。错误检测和校正机制可以在给定误码率(Bit Error Rate，BER)的条件下有效减少数据包的重传，从而降低能耗。④减少控制包的数量和包头长度。网络协议需要控制包和包头来维护其正常运行，但控制包和包头并不是用户所需的数据，因此应尽量减少控制包的数量，减小包头长度，从而降低能耗。

二是增加休眠时间。无线通信模块存在发送、接收、空闲和睡眠四种状态。无线通信模块在空闲状态一直监听无线信道的使用情况，检查是否有数据发送给自己，而在睡眠状态则关闭无线信道。无线通信模块在发送状态的能量消耗最大；而在空闲状态和接收状态的能量消耗接近，略少于发送状态的能量消耗；在睡眠状态的能量消耗最少。如何让网络通信更有效率，减少不必要的转发和接收，不需要通信时尽快进入睡眠状态是传感器网络协议设计需要重点考虑的问题。

三是无线通信消耗能量 E 与通信距离 d 的关系为 $E=kd^n$，其中，参数 n 满足关系 $2<n<4$。n 的取值与很多因素有关，例如，传感器节点部署贴近地面时，障碍物干扰源多，n 的取值就越大；无线信道质量对信号发射质量的影响也很大。考虑诸多因素，通常取 n 为 3，即通信能耗与通信距离的 3 次方成正比。随着通信距离的增加，能耗将急剧增加。因此，在满足通信速率的前提下，应该尽量减少单跳通信距离。一般而言，传感器节点的通信半径在 100m 以内比较合适。

在进行 CC2420[①] 的整体设计时必须考虑到 PCB[②] 的设计，该设计对系统影响很大。由于是高频电路的设计，必须考虑到各种电磁干扰。CC2420 模块的 PCB 是双层板，其底层不放置任何元件，为底层。顶层的空余地方(除天线衬底之外)都敷上铜，且通过过孔与底层的地相连。同时系统也遵循一般的 PCB 抗干扰原则，即将模拟的与数字的分开，在电源处一点接地。布局时将模拟元件与数字元件分开，模拟部分集中在 PCB 板的右半边，数字元件主要集中在左半边，为了提高两部分的抗干扰能力，将 PCB 的左右两边分别敷铜，数字的采用网格状敷铜，模拟的采用填充形敷铜。另外，在模拟元件的电源与地之间并接去耦电容，这些措施能有效地减少模拟电路的高频噪声和低频噪声。对布局布线在保证 100％布通率的前提下，还要考虑实现低功耗。布局布线优化设计主要集中在寄生电容与翻转频率这两个相关的因素，通过将连线合理的安排在不同的层面上达到降低功耗的目的。

(3)传感子系统。节点的传感子系统负责监测区域内信息的采集和数据转换。数据采集部分可根据实际需要选定合适的传感器，如本系统中的土壤湿度、温度、光线、茎干高度等。作为传感器网络节点系统的重要组成部分之一，传感器的功耗对系统的功耗也是有重要影响的。在选择传感器时，要优先选择有源式传感器，如压电式传感器，或者选择耗电量小的传感器，尽量避免选用功耗大的，如磁电式、电容式等传感器。

---

① CC2420 是 Chipcon As 公司推出的首款符号 2.4 GH_2 IEEE802.15.4 标准的射频收发器。

② PCB 为 Printed Circuit Board，印制电路板。

设计选用低功耗的温度传感器，用于测量物体表面温度或空气温度。由于传感器网络节点要求体积小、低功耗、外围电路简单及精度高和抗干扰，本系统中土壤湿度传感器选用美国 AUTOMATA 公司的 AQUA-TEL-TDR 型土壤湿度传感器，该传感器电源要求是 12VDC，输出 10 mA。通过接一个分流电阻在褐色和黑色线直接输出可以转换为电压形式。汁液流速传感器选用以色列 Phytech 公司 SF-4M 型号的传感器，电源为 8～13 VDC，输出 0～2 V。杆径变化传感器选用以色列 Phytech 公司 SD-5M 型号的传感器，选择公司的 ADT730116，电源为 8～13 VDC，输出 0～2 V。空气温度湿度传感器选用北京 LANCE 长英科技公司的 LTM. 8901 ITU Bus 温湿度一体化传感器，工作温度范围为 －25～＋60℃，响应时间为 5 s（典型值）。土壤 pH 值是农田土壤信息中一个十分重要的监控参数，我们选用美国的 IQ150 土壤原位 pH 计，该仪器既可以使用普通玻璃电极，亦可使用不锈钢探头来直接测量潮湿土壤的 pH 值和温度，并可输出电压值。测量范围：pH 为 0. 00～14. 00，温度为－100℃，输出电压是 1 999 mV。另外，叶绿素仪等农业信息采集传感器也是采用低功耗、小体积的模块，既能满足本系统的要求，又能达到降低功耗和成本的目的。

(4)电源子系统。节点的电源管理非常重要。为适应传感器节点体积小的特点，针对节点电源我们可以选用动态电源管理，所谓动态电源管理就是在系统运行期间通过对系统的时钟或电压的动态控制来达到节省功率的目的，这种动态控制是与系统的运行状态密切相关的，这个工作往往通过软件来实现。

如前所述，系统时钟对功耗大小有非常明显的影响，因此我们除了着重于满足性能的需求外，还必须考虑如何动态地设置时钟来达到功率的最大程度的节约。CPU 内部的各种频率都是通过外部晶振频率经由内部锁相环(Phase Locked Loop，PLL)倍频后产生的。于是，是否可以通过内部寄存器设置各种工作频率的高低成为能否控制功耗的一个关键因素。

现在很多 CPU 都有多种工作模式，我们可以通过控制 CPU 进入不同的模式来达到省电的目的。以我们系统中选用的 Atmega8L 单片机为例，它提供了三种工作模式：正常模式、空闲模式和掉电模式。

CPU 在全速运行的时候比在空闲或者休眠的时候消耗的功率大得多。省电的原则就是让正常模式远比空闲、掉电模式少占用时间。在类似的数据采集系统中，系统在全速运行的时候远比空闲的时候少，所以我们通过设置使 CPU 尽可能工作在空闲状态，再通过相应的中断唤醒 CPU，使其恢复到正常模式，处理响应的事件，然后再进入空闲模式。

另外，在设计中我们选用纽扣电池以设计一个微型传感器节点。在电源子系统中，尽量采用容量大的电池及转换效率高的 AC-DC 转换器，有助于提高系统的使用寿命。

2)接口电路的功耗设计

接口电路的低功耗设计，往往是容易被忽略的一个环节，在这个环节里，我们除了考虑选用静态电流较低的外围芯片外，还考虑了以下几个因素：

(1)上拉电阻/下拉电阻的选取。在通常的嵌入式系统设计中都随意地确定一个上拉电阻值，而没有经过仔细的计算。现在来简单计算一下，如果在一个 3.3 V 的系统里用 4.7 K 电阻为上拉电阻，当输出为低的时候，每只信号脚上的电流消耗就为 0.7 mA，如果有 10 个这样的信号脚时，就会有7mA的电流消耗在这上面，所以我们应该考虑在能够正常驱动后级的情况下，尽可能选取更大的阻值。现在很多应用设计中的上拉电阻值甚至高达几百K。另外，当一个信号在多数情况下为低的时候，我们也可以考虑用下拉电阻以节省功率。

(2)对悬空脚的处理。CMOS(Complementary Metal-Oxide-Semiconductor，互补金属氧化物半导体)器件的悬空脚也应该引起重视。因为CMOS悬空的输入端的输入阻抗极高，很可能感应一些电荷，导致器件被高压击穿，而且还会导致输入端信号电平随机变化，让CPU在掉电模式时不断地被唤醒，从而无法进入掉电状态或让其他莫名其妙的故障，所以正确的方法是将未使用到的输入端接到VCC或地面。

(3)Buffer的必要性。Buffer有很多功能，如电平转换、增加驱动能力、数据传输的方向控制等，但如果仅仅基于驱动能力的考虑增加Buffer，我们就应该慎重考虑了，因为驱动电流过大会导致更多的能量被白白浪费掉。因此，在芯片的最大输出电流满足驱动下级芯片的情况下，我们避免了使用Buffer，对于功耗来讲是一个很大的节约。

(4)关闭不需要的外设控制器。一般来讲，CPU会提供各种各样的接口控制器，如12C，12S，LED，Flash，Timer，UART，SPI，USB等，但这些控制器在一个设计里一般不会全部都被用到，所以我们对于这些不用的控制器往往任其处于各种状态而不用花心思去管。但是，当你想尽可能节省功耗时，则必须关注它们的状态，因为如果不将其关闭，即使它们没有处于工作状态，仍然会消耗电流。通过设置寄存器我们可以有选择地关闭不需要的功能模块，以达到节省功耗的目的。同时，我们还通过动态关闭一些仍然需要的外设控制器来进一步节省能量。如在空闲模式下，CPU内核停止运行，我们还可以进一步关闭一些其他的外设控制器,如SDI,Flash等,只要保证唤醒CPU的U/O控制器正常工作即可,如通过UART唤醒,NUART控制器不能被关闭。等CPU被唤醒后,再将SDI,Flash等控制器打开。上面两种方式只是动态电源管理的最为简单的实现方式。在这两种方式中,一种是通过改变系统的时钟频率来节约能量,另一种是通过控制外设控制器的开关来达到节约能量的目的。

3)单个WSN节点的能耗优化

(1)节能计算。除了在节点设计中采用低功耗硬件外,通过动态电源管理(Dynamic Power Management,DPM)等技术使系统各个部分都运行在节能模式下也可以节约大量的能量。最常用的电源管理策略是关闭空闲模块,在这种状态下,无线传感器节点或部分将被关闭或者处于低功耗状态,直到有感兴趣的事件发生。DPM技术的核心问题是状态调度策略。因为不同的状态有不同的功耗特征,而且状态切换也有能量和时间开销。在活跃状态下,则可以采取动态电压调整(Dynamic Volrage Sealing,DVS)技术来节约能量。在大多数无线传感器节点上,负载是随时间变化的,因此并不需要微处理器在任何时刻都保持峰值性能。DVS技术就是利用了这一点,动态改变微处理器的工作电压和频率,使其刚好满足当时的运行需求,从而在性能和能耗之间取得平衡。

(2)节能软件。如果应用层和网络协议等系统软件针对能耗进行了专门的优化,那么WSN的生存时间也能得到有效的延长。在系统软件中,我们通过实时获取系统中各个模块工作的状态,进行动态电源管理和动态电压调整。因为在单片机系统中,我们可以获取所有程序模块的性能需求,并能直接控制底层硬件资源,从而在性能和能耗控制之间进行必要的折中。一方面,鉴于传输中不可避免的数据丢失,WSN应能根据当时的网络环境提供不同精度的数据,从而获得一定的弹性。另一方面,监测对象的属性是随时间变化的,从而导致网络中的计算和通信需求也随之改变。这样,我们就可以在软件中进行某种程度的预测,对能耗进行主动式的管理。另外,我们在软件设计中,将一些算法中耗时非常大的运算如CRC校验等采用查表的方式来降低微控制器的使用率。这样就能在对数据精度影响不大的情况下节约能耗。

Atmega8L有多种工作模式,这些工作模式的转换通过寄存器的设置来完成。系统完成初始化后,即进入低功耗的工作模式状态,进入低功耗模式后,电流仅仅达到uA级,一旦有允许的中断请求,数据处理器将被唤醒进入正常模式,继续低功耗模式。系统的功耗情况取决于中断服务程序执行时间。

另外,中断程序实现对数据的采集、发送、接收和转发的功能。数据采集采用单片机内部定时器中断实现,采集处理并发送;接收模块周期性的监听和睡眠,监听到数据后通过接收模块的引脚触发单片机,从而引起外部中断,接收数据、处理数据并进一步转发。

(3)无线收发电路能耗管理。虽然嵌入式处理器的电源管理已经得到深入研究,但学术界对无线收发系统的节能设计却研究得不够。由于无线通信占了整个WSN能耗的主要部分,因此对无线收发系统进行能耗管理非常重要。

无线收发系统的电源消耗主要取决于传输距离和调制参数的射频部分及进行频率合成、滤波等操作的基带电路部分。无线收发系统节能设计很复杂,因为射频部分和基带电路部分的电源消耗是相当的,降低射频部分的速率反而会导致能耗的增加。另外,要考虑的问题是,无线收发系统的初始化消耗很大,这一切都加大了无线收发系统节能设计的难度。

(4)节能报文转发。除了发送自身感知的数据外,每个无线传感器节点又都是路由器,需要为其他节点转发报文。在典型的 WSN 环境下,无线传感器节点接收的大部分报文要转发给其他节点。通常情况下,无线传感器节点将绝大部分协议处理功能交由微控制器,这样不管其最终目的地是哪里,每个接收到的报文都会经过相同的处理步骤到达计算子系统并得到处理,这样导致不必要的能耗消耗。在本系统中,我们采用在源节点上通过路由先寻找目标节点,然后将需要发送的报文加上一定的标志校验信息,最后从源节点将需要转发的报文发送到目的节点。这样节点报文信息在传感器系统中传输甚至在计算子系统处于睡眠状态时也能正常工作。

(5)WSN 节点间无线通信的节能优化。与单个节点能耗管理类似,在节点间通信过程中考虑节能措施同样对提高整个系统的电源使用效率有重要作用,而且,使通信过程对能耗更加敏感,进一步可以将节能优化的范围从单个节点扩展到参与通信的多个节点。

4)WSN 的节能优化

在传感器网络中,由于节点能量受限,网络协议的设计必须融合节能策略。在无线局域网和蜂窝等传统无线网络中,其网络协议的首要设计目标是提供高服务质量水平和高效利用网络带宽,其次才考虑节约能量。而在传感器网络中,网络协议的首要设计目标是高效使用能量,延长网络系统的生存期。

传感器网络无效功耗损耗的来源主要有以下四个方面:

(1)如果 MAC(Medium Access Control,介质访问控制)协议采用

竞争方式使用共享的无线信道，节点在发送数据的过程中，可能会引起多个节点之间发送数据的碰撞，这就需要重传发送数据，从而消耗节点更多的能量。

(2)节点接收并处理不相关的数据。这种串音现象造成节点的无线接收模块和处理器模块消耗更多的能量。

(3)节点在不需要发送数据时，一直保持对无线信道的空闲侦听，以便接收可能传输给自己的数据。这种过度的空闲侦听同样会造成节点能量的浪费。

(4)在控制节点之间的信道分配时，如果控制信息过多，也会消耗较多的网络能量。

因此，我们可以根据无效功耗产生的途径，分别在网络各层设计中消除这些能耗，以降低功耗，延长系统寿命。

(1)物理层。物理层主要负责数据的调制、发送与接收，是决定基于 ZigBee WSN 的节点体积、成本及能耗的关键环节，是 WSN 的研究重点之一。物理层的设计目标是以尽可能少的能量损耗获得较大的链路容量。为了确保网络的平滑性能，该层与 MAC 子层密切地相互使用。物理层需要考虑编码调制技术、数据传输速率和通信频段等问题。①编码调制技术影响占用频率带宽、通信速率、收发功率等一系列技术参数。比较常见的编码调制技术包括开关键控、幅移键控、频移键控、相移键控和各种扩频技术(如跳频、直接序列扩频等)。②提高数据传输速率可以减少数据收发的时间，对于节能有一定的好处，只是需要同时考虑提高网络速度对收发功率的影响。我们一般用单个字节的收发能耗来定义数据传输对能量的效率，单字节能耗越小越好。

因此,在我们设计的系统中,我们通过缩减数据流长度的手段来达到降低功耗的目的。在基于 ZigBee 的无线农业信息传感器网络中,节点的高密度,使其同一时间被多个微传感节点感知并捕获处理,导致了数据采集的冗余性。我们在选定节点后,将一定区域内节点的数据进行汇聚或者融合,然后再将结果传送出去,不但可以提高事件/数据监测的可靠性,而且可以有效降低通信流量,从而节约能耗。

(2)数据链路层。数据链路层负责媒体节能控制和建立节点之间可靠的通信链路,主要由 MAC 协议组成。在基于 ZigBee 的 WSN 中,MAC 协议决定无线信道的使用方式,在传感器节点之间分配有限的无线通信资源,用来构建传感器网络系统的底层基础结构。MAC 协议处于传感器网络协议的底层部分,对传感器网络的性能有较大影响,是保证 WSN 高效通信的关键网络协议之一。

传统的基于竞争机制的 MAC 协议很难适应 WSN 的需要。因为基于竞争机制的 MAC 协议需要多次握手,数据发生冲突的概率很大,造成能量的浪费,这在 WSN 中是不可取的。因此,WSN 的 MAC 协议一般采用基于预先规划的机制(如 TDMA)来保护节点的能量。MAC 协议在降低功耗方面主要采用的方法有减少数据流量、增加射频模块休眠时间和避免冲突等。其中,减少数据流量是最根本的解决方案,目前,主要靠在网络层或者在数据链路层上增加一个数据融合层来实现,但在 MAC 层是否能够进行数据融合及如何进行数据融合是研究较少的领域,目前还没有成熟的研究成果。在本书中我们采用的方法是节点在没有数据接发时,关闭射频模块,转入休眠状态。这种方法可以降低工作占空比,减少串扰和空闲侦听带来的能量浪费,代价是增加延迟和降低系统的吞吐率。

(3)网络层。网络层的主要任务是发现和维护路由。网络层的主要设计目标是能源有效性路径的建立、可靠数据转发机制的形成和最长网络生命周期的实现。对于网络层而言,提高能量效率可以从几个方面着手:加快网络冗余数据的收敛、以多跳方式转发数据包、选择能量有效路由。

在本书中,我们假设传感器节点和终端节点是静态的,因此在网络层采用流量分发的方法来降低功耗。对整个 WSN 而言,需要从全局上考虑如何将流量从数据源传递到目的地,其中的重要问题是如何在源和目的地之间找到一条节能的多跳路由。节能路由是在普通的路由协议基础上,考虑相关的能耗因素,引入新的与电源消耗有关的衡量指标,实现能耗的节约,这方面已经有很多研究成果。比如,最简单的节能路由协议是最少能量路由,即寻找一条能耗最低的路由,通过它传送数据。但这样未必能延长网络的生存时间,某些处于关键位置的节点可能被过度使用而导致电源过早耗尽。为避免这种情况,最大最小路由使节点的剩余电量尽可能得多,即最大化节点的最小剩余电量。最大最小路由更多地考虑了电池的剩余电量,而最少能量路由考虑的是某次通信需要消耗的电量,一个很自然的改进思路是可以将两种方法结合起来,定义一个电源开销函数,综合考虑两种策略。

(4)应用层。应用层与具体的应用场合和环境密切相关,我们主要是针对农业信息在 WSN 中的传输和控制。因此,我们要求 WSN 能够脱离传统网络的寻址过程,快速有效地组织起各个节点的信息,并融合再提取出有用信息直接传送给用户。然而,网络节点实现数据采集、计算或传输功能,都需要消耗能量,所需消耗的能量与产生的数据量、采样频率、传感器类型及应用需求等有关。同时,在短时间内产生的大数据量如果不加以处理直接传输,会造成网络拥塞,导致网络寿命缩短。

在本书的网络部署中,节点密度都比较高。因为提高节点密度可以提高农业环境等检测结果的精确度,但如果系统生存时间更重要,就可以对网络拓扑进行管理,利用相对较少的节点进行跟踪。这样,除了减少计算复杂度之外,也降低了通信消耗,因为没有参与跟踪的节点不会发送数据。如果硬件支持可变发射功率,采用低的发射功率也能够降低网络电源的消耗,同时缓解共享空间信道的竞争强度,提高网络容量。

7.1.3 融合多类型传感器参数的无线传输系统

融合多类型传感器参数的无线传输系统用于研究光照、水分和有机物含量等多种异构数据的融合方法,并设计适应能量受限的视频图像压缩策略;研究面向无线传感器节点的属性级数据融合结构模型,针对基于传感器采集的多个数据,直接融合来自同一传感单元的数据,进行数据聚集;结合农作物分散多传感器节点网络拓扑和路由策略,研究簇首节点的分布式跟踪级融合结构模型,即在源节点发送的数据经中间节点转发时,中间节点查看数据包的内容,进行相应的数据融合后再传送到汇聚节点,由汇聚节点实现数据的综合;研究依赖于应用的数据融合方法,在 MAC 层实现节点数据融合,在网络层实现簇首节点数据融合。本系统的原理如图 7-4 所示。

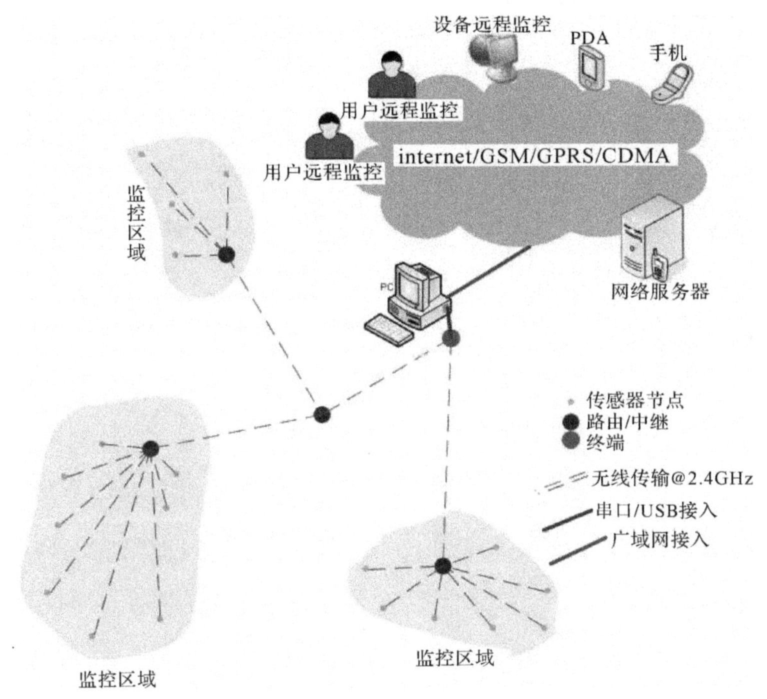

图 7-4 本系统的无线传感网络原理

本融合多类型传感器参数的无线传输系统采用的 WSN 是一种由大量小型传感器模块所组成的无线网络。传感器网络技术综合了传感器技术、嵌入式系统、分布式信息处理技术和无线通信技术，能够协作地实时监测、感知和采集网络分布区域内的各种环境或监测对象的信息，并对这些信息进行处理，进而获得详尽而准确的信息，最后传送到需要这些信息的用户那里。WSN 基本工作原理如下：分散部署在农场的多个传感器节点，按照配置的工作模式采集所在位置的信息，如湿度、温度、土壤成分和病虫害等，然后将这些信息经过无线多跳方式传输到簇首节点，簇首节点经过数据融合后，将有用信息再以多跳方式传输给基站，基站再将信息通过计算机网络传输给监控中心，从而为农作物专家系统提供分析决策的基础数据。

系统模块中WSN采用的ZigBee协议，包括ZigBee协议栈的体系结构，自组织、自适应的网络拓扑结构，整个传感器网络形成分层结构，传感器节点定位。ZigBee协议是一种新兴的近距离、低复杂度、低功耗、低数据速率、低成本的双向无线通信技术，主要适合于自动控制和远程控制领域，可以嵌入各种设备中，同时支持地理定位功能。它是基于IEEE802.15.4的无线通信协议，工作于无须注册的2.4GHzISM频段，采用跳频技术和扩展技术，传输速率为100～250 k bit/s，传输距离为10～75 m。它看起来接近蓝牙，但比蓝牙更为简单，具有更低的传输速率和功率消耗。它是IEEE802.15.4标准的扩展集，IEEE802.15.4工作组主要负责制订物理层及MAC层的协议，ZigBee定义了应用层和安全方面的规范，使得来自不同厂商的设备可以相互兼容。本系统的无线采集平台如图7-5所示。

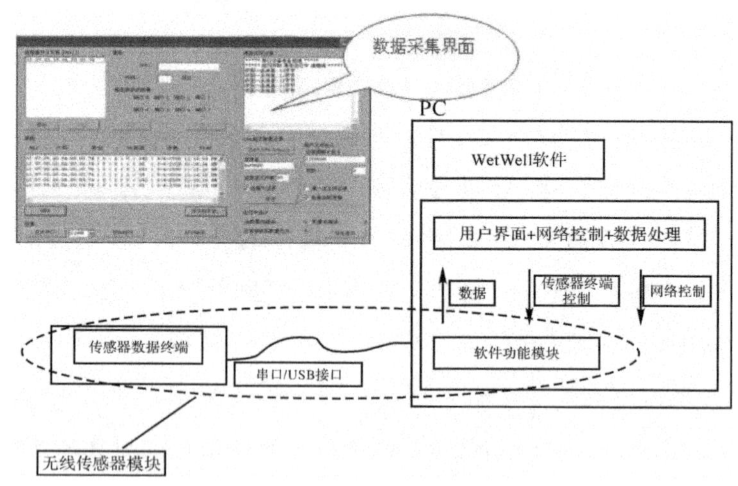

图7-5　无线采集平台

7.2 面向全过程农业电子商务的移动视频监控技术

7.2.1 基于 3G 多网络制式的移动视频监控系统架构

无线视频监控业务手机视频浏览服务(以下简称“‘移动全球眼’”)是“全球眼”网络视频监控业务的子集,依托“全球眼”平台及中国电信移动网络,面向全球眼应用客户提供的手机视频浏览服务,实现随时随地的实时的移动视频监控,帮助客户提升远程视频监控管理能力。

“移动全球眼”指通过内置监控客户端软件(MCU)的手机终端实现对监控现场的远程视频浏览、云镜控制、录像、视频截图等,满足客户远程视频查看、远程应急指挥的要求。

本书设计了基于 3G 的多网络制式的精细农业移动全球眼系统架构(图 7-6～图 7-8),设计包括移动终端软件(MCU)、移动全球眼业务平台(MSP)、移动流媒体服务器(PSS)、移动视频接入单元(VAU)等的农业移动视频监控应用架构,支持网络融合和业务融合,实现多网络接入、多终端(手机、PC、PDA 等)类型支持,满足用户远程视频查看、决策与控制等的要求。

在精细农业“移动全球眼”的网络架构中,各个部分的作用和功能分布如下:

MSP:是“全球眼”无线视频监控业务门户。主要实现业务的统一接入访问入口、用户认证入口、用户监控列表展示,并通过与全球眼平台进行信息交互,完成了用户认证、监控列表查询、用户账户信息同步及客户自服务管理等功能。

MCU:移动网络中视频监控的客户端单元,方案中的业务发起方,即系统中的移动客户端软件。

VAU:即移动视频接入单元,它实现了移动业务网络与"全球眼"无线视频监控网络之间的媒体和PTZ的交互。

PSS:是移动网络中的流媒体服务器,是系统中处理媒体流分发的网元。此网元为可选网元。

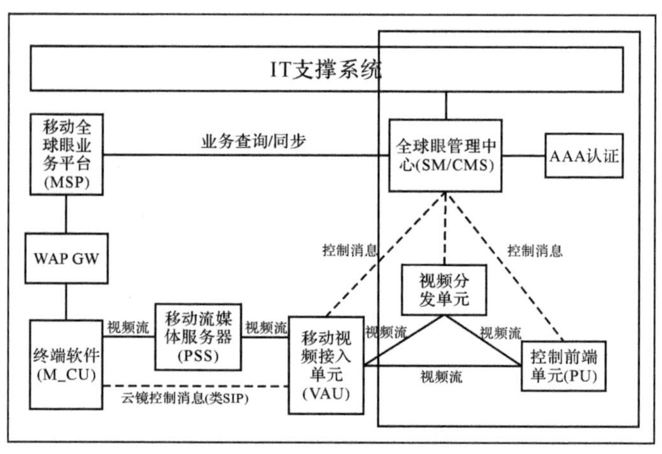

图 7-6 精细农业移动全球眼系统架构

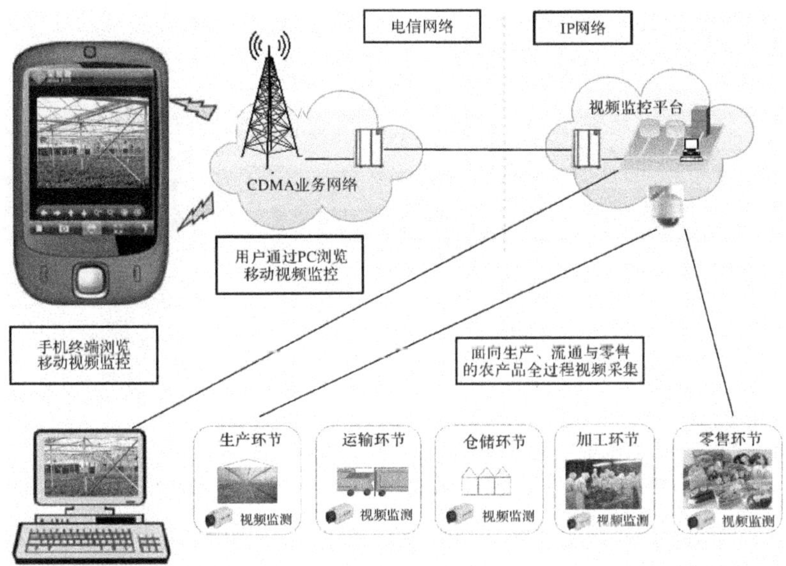

图 7-7 面向全过程农业电子商务的移动视频监控应用架构

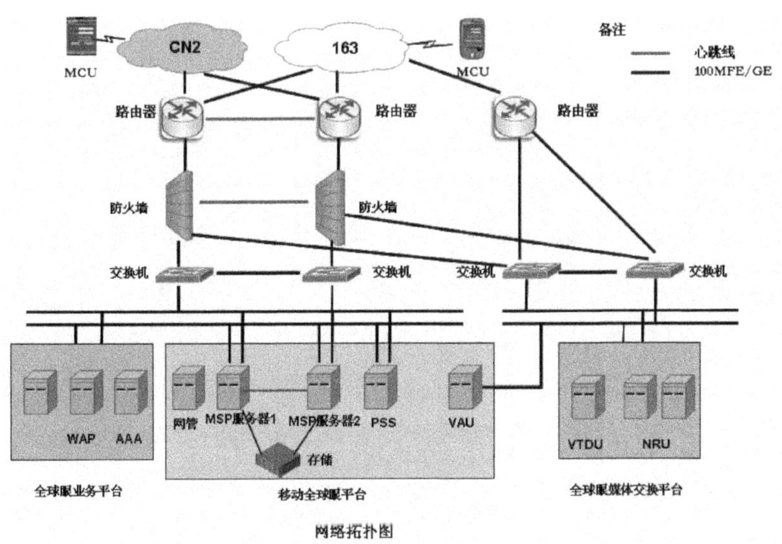

图 7-8 面向全过程农业电子商务的移动视频监控系统网络架构

7.2.2 3G移动视频监控的前端视频采集与接入技术

本部分分析监控前端视频采集的实现流程，设计前端视频采集模块的硬件电路，开发了视频采集模块的软件，实现对IP摄像机、DVR摄像机及无线摄像机等前端复杂、灵活的支持，有效集成现有视频采集设备；并通过研究监控前端无线网接入模块，实现监控前端视频采集模块的接入与传输。

(1)前端视频采集模块的硬件电路设计。视频采集模块开发板上的视频输入接口可以分为模拟视频输入接口和数字视频输入接口。模拟视频输入接口包括一个S-Video输入端子和一个A/V输入端子，TVP5146是TI公司推出的高性能混合信号视频译码器，它能将模拟视频输入接口传过来的NTSC,PAL及SECAM等基带模拟信号转换为数字Y(亮度)、C(色度)分量视频信号。数字视频输入接口在视频采集模块板上提供了一个50-Pins的适配卡插座，用户可以自己制作接口电路。

上述两种接口通过片选控制信号的控制接入DM6446视频输入前端接口。在本书中，我们使用S-Video接口接入。具体的视频输入硬件电路的接口如图7-9所示。

(2)视频采集模块的软件与采集流程设计。我们利用Linux内核里面专门引入的一个标准视频设备驱动接口(Video 4 Linux，Video for Linux，V4L)来完成数字视频图像的采集。实际上，V4L除了支持传统的视频采集设备之外，还支持音频采集设备、FM收音设备、视频输出设备等等。因此，我们将V4L定义了一套用于处理Linux上的多媒体设备的标准APIs。

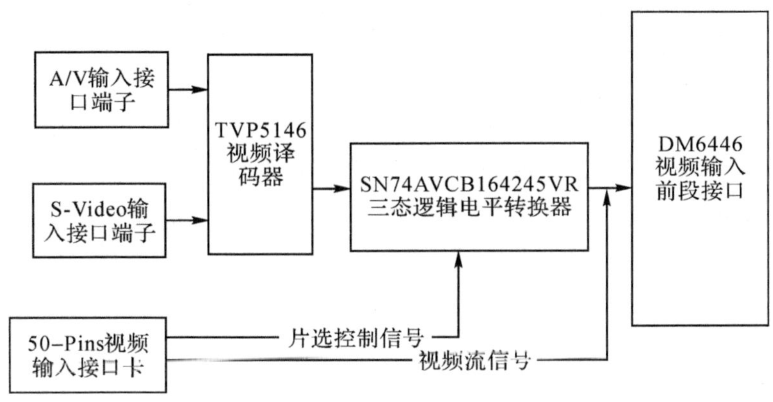

图 7-9 视频采集模块视频输入硬件电路的接口

V4L 分为两层式架构，最上层为 V4L 驱动程序本身，最下层则是影像设备的驱动程序。在 Linux 操作系统中，所有外部设备都作为设备文件来管理，因此，对外部设备的操作就转变成对设备文件的操作，在程序中调用 V4L APIs 对设备文件进行读操作即可实现摄像头视频数据采集。

通过开发采集模块软件，针对摄像头输出 PAL 制式基带视频信号等经过 A/V 接口输送到 TVP5416 的输入端，TVP5416 负责将 PAL 视频解码并数字化后送到视频处理前端的视频输入口，视频前端再将视频信号进行一些可选的预处理操作，并将视频数据的缓存地址提供给应用程序。

(3)监控前端无线网接入模块。视频监控前端无线接入部分的硬件结构框如图 7-10 所示。无线接入部分主要由三大部件组成，分别是视频采集模块开发板 USB 接口、USB to RS232 转换器和 CDMA 无线 MODEM 等。

视频采集模块开发板提供了一个标准的 USB 2.0 接口，DM6446

芯片内部的 USB 控制器支持 USB 2.0 从设备和 USB 2.0 主设备，速率最高可达 480 Mbps。

在视频监控前端中，本书利用韩国 GIGA Telecom 公司生产的 GIGA-CM800ACDMA 模块并加上必要的电源模块和 MAX3237 电平转换模块，二次开发了一个可以接入 GPRS，CDMA-1x，UMTS 和 CDMA2000 等网络的无线接入模块。

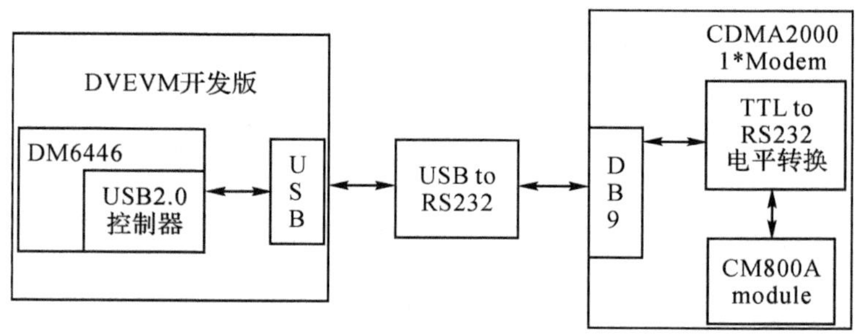

图 7-10 视频监控前端无线接入部分的硬件结构框

7.2.3 移动视频监控的压缩编码与传输方法

本部分分析研究了业务控制管理与媒体流执行相分离的方法，设计媒体资源层与管理支撑层的分离架构，适配系统的升级、平滑演进及分级组网等；设计出中等粒度质量可伸缩(MGS)的 H.264/AVC 可伸缩视频编码方案、H.264/AVC 的网络适配层(Network Adaptation Layer, NAL)和视频编码(Video Coding Layer, VCL)的分层结构技术、基于 H.264/AVC 的无线视频传输协议栈、基于跨层资源分配的可伸缩视频多播机制、多天线多用户信道中传输的架构等；设计了保证无线视频服务的 QoS 服务质量参数和反馈控制算法，开发基于 H.264/AVC 的无线视频通信系统，以保证充分利用网络带宽和提高数据传输的可靠性。具体包括以下内容。

(1)基于 H. 264/AVC 扩展的可伸缩视频编码方案设计。分析 H. 264 视频编码器时,本书系统采用了 MGS 运动补偿的混合编码方案,它与以往经典视频编码标准的主要不同之处在于:采用了 1/4 像素精度的可变块尺寸运动估计/补偿,具有方向性的像素域帧内预测、基于 4×4 块的类整数变换、环路去方块滤波器和基于内容的自适应二进制算术编码(CABAC)等。

联合可伸缩编码模型(JSVM)已经为精细粒度质量可伸缩(FGS)编码和 MGS 编码提供了一种质量层分配方案,可在率失真优化的框架下抽取码流到达目标码率。在 JSVM 中,每个 SNR NAL 单元对整个序列重建失真的贡献是根据一些特定 SNR NAL 单元的丢弃模式,通过反复的码流抽取和解码得到的,这就导致了很高的计算复杂度。为此,本书拟采用 MGS 的 H. 264/AVC 可伸缩视频编码方案。具体的基于 H. 264/AVC 扩展的可伸缩视频编码过程如图 7-11 所示。

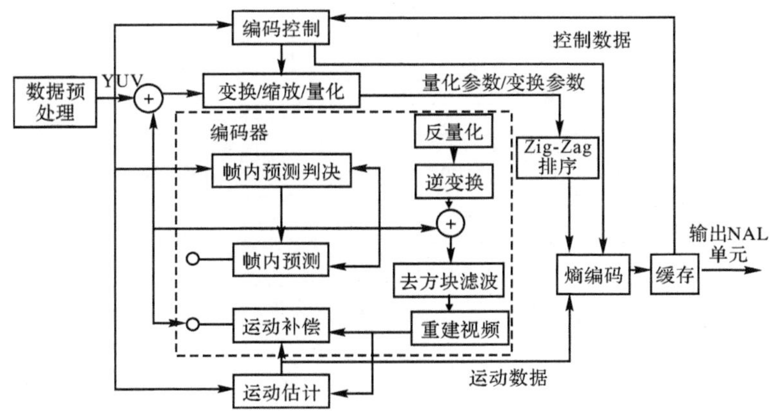

图 7-11　基于 H. 264/AVC 扩展的可伸缩视频编码过程

(2)基于 H.264/AVC 的无线视频传输方法。目前在无线通信环境下(包括无线信道、移动终端等),H.264 视频压缩编码与传输技术已成为前沿研究课题之一。H.264 视频编码器非常适合应用在无线视频通信系统中,它定义了 VCL 和 NAL。为此,本书分析了 H.264/AVC 的分层结构,基于 H.264/AVC 的无线视频传输协议栈。

VCL 提供了高效的视频编解码器、灵活的编解码器控制机制和鲁棒的视频容码策略。NAL 先把 VCL 的视频编码数据封装成不同类别的 NAL 单元,然后再把 NAL 单元封装成底层传输协议支持的数据包格式。H.264 采用的 NAL 单元大致可分为存储视频编码数据的视频编码层 NAL 单元和存储编码参数的非视频编码层 NAL 单元两类。NAL 提供了与 VCL 之间的接口,而且使 H.264 码流更加适应于底层的传输网络。具体的 H.264/AVC 的分层结构如图 7-12 所示。

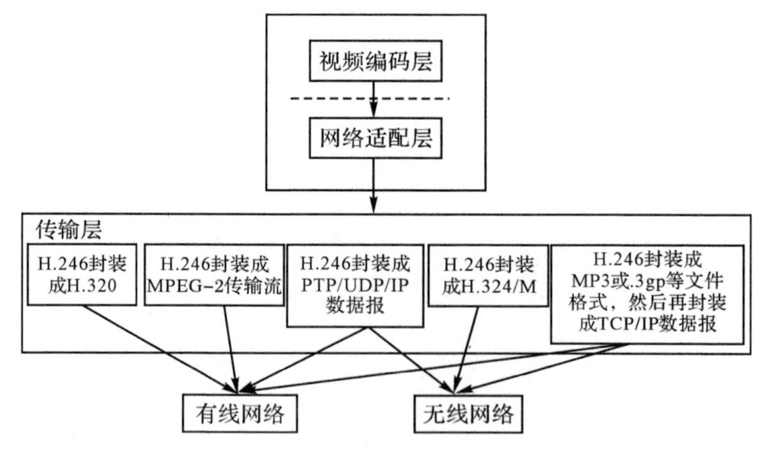

图 7-12　H.264/AVC 分层结构

为了在 GPRS,CDMA-1x,UMTS 和 CDMA2000 等移动通信系统中进行视频传输,3GPP(第三代合作伙伴计划)/3GPP2(第三代合作伙伴计划 2)设计了用户层面协议栈以便对视频数据进行封装。图 7-13 给出了 H.264 视频码流中 NAL 单元通过 CDMA 2000 用户平面协议栈被封装的过程。

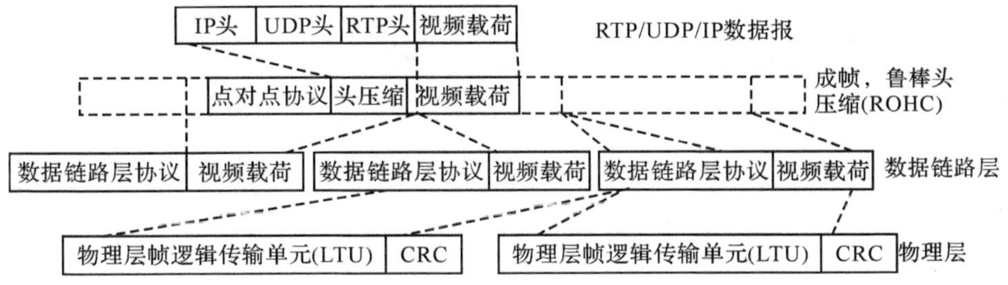

图 7-13 H.264 视频码流中 NAL 单元被封装的过程

(3)基于跨层资源分配的可伸缩视频多播机制。我们利用基于跨层资源分配的可伸缩视频多播机制分析研究基于自适应调制编码的可伸缩视频多播问题,提出了基于跨层资源分配的可伸缩视频多播最优算法和近似算法,为进一步节省带宽资源、提高网络带宽的利用率提供算法基础。本部分先对使用相同调制编码方式进行传输的多个视频层进行联合资源分配,再在可伸缩视频多播基础模型的基础上,建立了基于跨层资源分配的可伸缩视频多播系统模型,并用于解决该问题的伪多项式时间的最优算法和全多项式时间的近似算法,在一些参数配置下也能够使视频传输与多播系统保持较好的性能,同时也大大缩短了算法的运行时间。

(4)多天线多用户信道中传输的架构设计。由于近年来多天线多用户技术和视频编码技术的同时进步,人们开始关注在多天线多用户系统中可靠传输视频的问题。多天线多用户系统中的一个重要分类是多入多出(MIMO,也称多用户)广播,其实现方法之一是迫零预编码。MIMO 广播可以同时向不同的用户传输不同的数据,根据信道状况提供不同的服务质量。将 SVC 和 MIMO 广播结合可以更好地提升视频传输系统的性能,目前对此的研究还很少见。因此,本书将 MGS 抽取与迫零预编码技术相结合,进行跨层优化设计,提升系统性能,其中的关键问题是针对跨层优化设计建立模型。

(5)无线网络传输系统。通过上述分析视频监控前端和后端之间无线网络传输系统架构,针对无线传输的传输码率低、不稳定等缺点,本书在分析选择上述 MGS 的 H.264/AVC 可伸缩视频编码方案、H.264/AVC 的分层结构技术、基于 H.264/AVC 的无线视频传输协议栈、基于跨层资源分配的可伸缩视频多播机制、多天线多用户信道中传输的架构等基础上,设计了保证无线视频服务的 QoS 服务质量参数和反馈控制算法,开发出基于 H.264/AVC 的无线视频通信系统,以保证达到视频传输实时性的要求,以保证充分利用网络带宽和提高数据传输的可靠性。

(6)“移动全球眼”的两种压缩方法设计。本设计用于研究并支持 VAU 转码方案及双码流方案。VAU 主要实现码流压缩编码功能,实现的基础硬件条件是压缩编码卡;而双码流方案需要前端 PU 支持双码流技术的前端编码器,双码流的手机视频图像会比转码后的效果要好,目前像海康、大华等 PU 厂家均提供支持升级双码流。设计的两种压缩编码与传输方法 MSP,MCU 等均相同,只在 VAU 的功能实现上存在差异,双码流方案并不要提供 VAU 转码功能,总体投资费用比 VAU 转码方案要低。具体情况如图 7-14 所示。

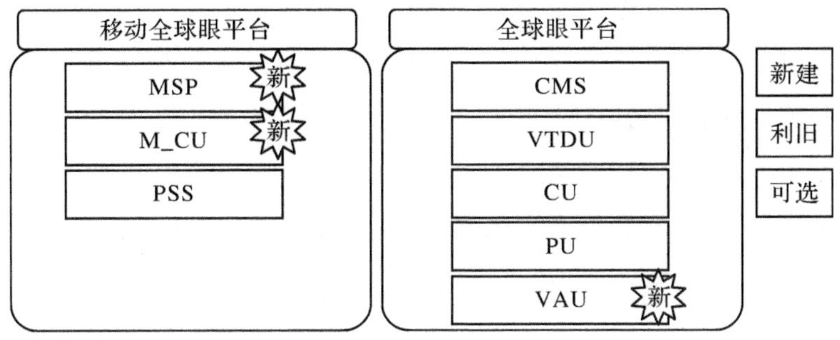

图 7-14 移动视频监控的两种压缩编码与传输方法比较

7.2.4 移动视频监控系统的存储与转发服务设计

在本书开发的 3G“移动全球眼”视频监控系统中的节点设计包括入口服务器、监控服务器、流媒体服务器和数据源服务器等。整个系统对外公布的服务接入入口是入口服务器。

(1)入口服务器。入口服务器是整个系统的入口,系统对外公布的入口地址是该服务器的地址。该服务器的主要功能是接收用户的连接请求,调用 SESSION 服务器的用户认证功能对用户进行身份验证,同时通过监控服务器取得当前负载最低的流媒体服务器,并利用协议中的重定向功能将流媒体服务器的地址返回给用户,保证了系统的安全。

(2)SESSION 服务器。SESSION 服务器的功能包括维护当前在线用户列表、用户权限验证等用户信息管理。在线用户列表维护了当前在线的用户和用户 SESSION 之间的对应关系,并对外开放接口用于查询用户是否在线、在线用户信息等。

(3)监控服务器。监控服务器承担了集群中各个服务器的性能监控和负载均衡的重要功能。集群中的所有服务器都会定期向监控服务器发送重要的性能参数，比如 SESSION 服务器会定期向监控服务器汇报单位时间内的数据库访问次数、外界调用权限认证功能的次数，以及其他重要参数。

(4)流媒体服务器。流媒体服务器是这个系统的核心，主要功能是控制用户播放和传输与控制流媒体。由于一台服务器无法支持大量用户并发所需要的计算能力和网络带宽，系统中往往存在多台流媒体服务器同时为用户提供服务。每台流媒体服务器之间相互独立，流媒体服务器和用户之间形成一对多的关系，用户在一次流媒体会话过程中不能在流媒体服务器之间进行切换。

由于移动网络带宽不足并且不稳定，流媒体服务器需要采取服务质量(Quality of Service，QoS)策略。

(5)数据源服务器。数据源服务器作为网络摄像机和流媒体服务器之间的数据中转服务器，原因包括①网络摄像机的性能无法支持高并发，当系统中的流媒体服务器数量超过某个上限时，网络摄像机可能无法实时地把音视频数据传输给流媒体服务器；②网络摄像机产生的视频数据还必须经过转码，如果流媒体服务器直接与网络摄像机进行数据交互，那每个流媒体服务器都必须完成转码的工作，就造成了重复计算和计算资源的浪费。因此，数据源服务器的主要功能是接收网络摄像机的音视频数据，并转码后发送给所有的流媒体服务器。

(6)云台控制服务器。云台控制服务器的本质是带有权限认证功能的网络摄像机云台控制服务的代理服务器。云台控制服务器在收到客户端发送的云台控制请求后，调用移动视频监控系统客户端。

(7)转发服务器。转发服务器需要在其他部分运行之前执行，以便使管理员获得转发服务器的地址配置给视频采集端，使用户获得所需要的监控视频的链接。由于它同时也是移动客户端和视频采集端的纽带，它的设置对系统的性能非常重要。经过编码压缩后的视频数据，以 Internet 作为传输媒介，传输给转发服务器。为了识别不同的监控场景，视频采集端将自己的标识一起发送给转发服务器，使得转发服务器按照不同的标识构建不同的虚拟场景。

视频采集端通过建立与转发服务器的连接，构建虚拟的监控场景，每一个虚拟的监控场景对应一个监控摄像头。移动客户端通过与转发服务器建立连接，请求相应的虚拟监控场景的视频信息。在转发服务器确认用户的合法身份之后，将对应的虚拟场景的摄像头的视频数据转发给该用户。视频采集端、转发服务端及移动客户端的交互过程如图 7-15、图 7-16 所示。

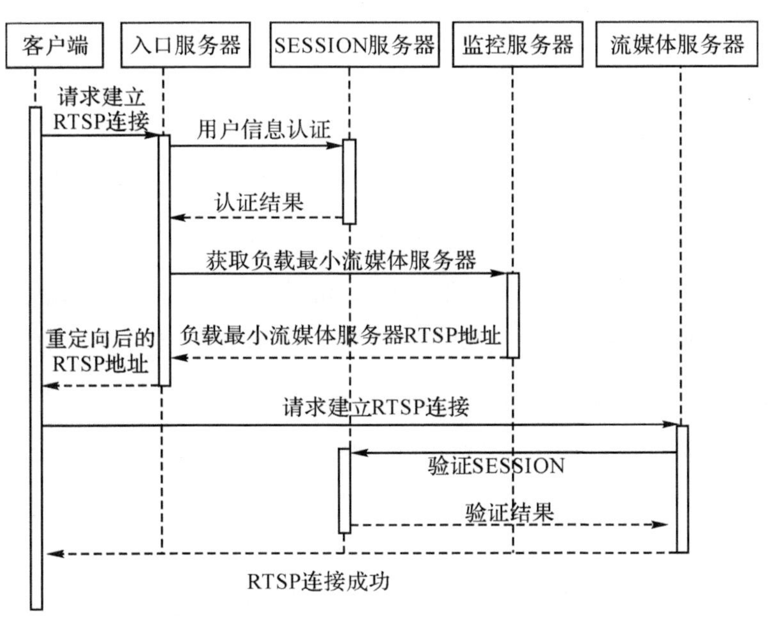

图 7-15 服务端的流程示意图

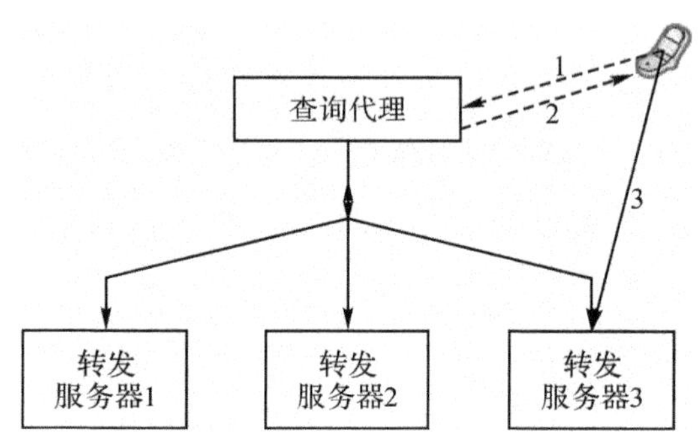

图 7-16　服务端转发服务器的部署示意图

7.2.5 支持多网络制式、多手机类型的移动视频监控手机客户端软件

移动视频监控手机客户端的主要功能就是能够实时地监控目标场景。用户可以通过设置自己的登录身份，添加允许该身份监控的监控场景，该场景与转发服务器中所维护的虚拟场景相对应。当监控者选择某个目标场景后，移动客户端就发起了向转发服务器的连接请求。当转发服务器同意接受该连接后，移动客户端就以最初用户设定的登录身份提交给转发服务器进行身份验证。当合法的身份被服务器验证之后，监控者希望看到的目标场景的视频数据就由视频采集端经过转发服务器传输至移动客户端。此时，移动客户端从无线网络上不断接收到视频流数据，并调用视频解码器，对视频流进行解码，构成实时的视频画面，在用户的移动设备回放。

为此，我们开发了支持包括 3G/CDMA200/WCDMA 等多网络制式，支持多种手机类型及 Windows CE，Windows Mobil，BREW 和 Android 等多种操作系统的“移动全球眼”手机内置监控客户端软件

(MCU)，提供对监控现场的远程视频浏览、云镜控制、录像、视频截图等，实现在任何时间任何监测点对农作物生长状况的监控；研究融合物联应用与移动监控的手机客户端软件，实现对农业生产信息的搜索、实时状态显示、智能控制、视频查看和阈值设定等客户端服务。具体包括以下几个方面。

(1)H.264 解码器在智能手机上的移植技术。我们分析了基于 ARM 体系架构的手机微处理器，进行代码运行速度优化、代码尺寸优化等，设计并开发了在资源有限的移动终端或者其他嵌入式设备中执行效率低下的情况下的 H.264 解码器，实现将 H.264 解码器在智能手机上的移植。

由于现有的 Symbian OS 版本中，并没有提供 H.264 解码的接口，需要自己对其进行移植。为此，我们使用了 Symbian OS 的 Open C 技术对 H.264 标准的解码器进行了移植。

(2)无线视频监控系统客户端监控流程设计。为能够充分利用现有的监控资源，实现与当前视频监控服务器的顺利对接，我们采用了国际通用的流媒体协议，其中包括实时传输协议 RTP，实时传输控制协议 RTCP，实时流协议 RTSP、H.264 视频编解码协议。我们将标准 RTSP 协议与流媒体服务器建立连接，连接建立成功后，接收服务器发送过来的 RTP 包，从 RTP 包中解析出 H.264 视频码流，最终把视频码流解码后的图像在手机屏幕上显示。流媒体客户端的总体流程如图 7-17 所示。

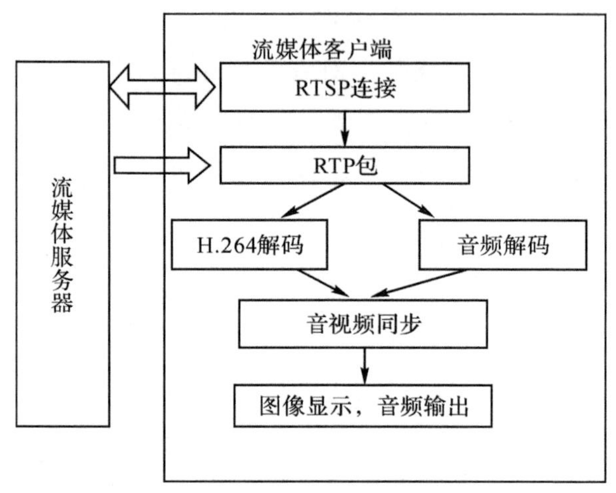

图 7-17　流媒体客户端总体流程示意图

(3)无线视频监控系统客户端界面开发。由于移动客户端需要在不同的操作系统平台上运行相同的视频解码器,在移动终端上的解码器可以作为解码器引擎,成为相对独立的功能模块。系统采用动态连接库的方式将解码器封装在解码引擎当中。不同的平台在需要视频解码的时候,只需要调用解码引擎的相关接口,而内部的实现被完全隐藏起来。这样既有利于信息封装和隐藏,又使得解码引擎功能的改变独立于移动客户端程序,从功能可扩展性和模块间耦合度方面考虑,都达到了良好的程度。客户端的主要界面如图 7-18 所示。

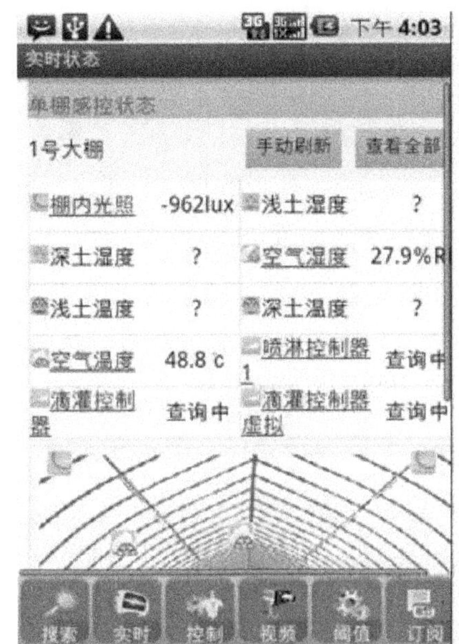

图 7-18 手机客户端——精细农业实时状态和远程控制界面

7.3 基于情境复合域的农业跨域数据挖掘模型及方法技术

7.3.1 融入物联的情境复合域数据融合与管理方法

本部分从物联网环境下的数据流入手，分析融入物联的跨域数据流的特征，以及数据源分布形态和组织形式、节点内容与关系描述等。从理论上分析各个域数据流的更新和扫描模型。我们打算以两种模型为主要研究对象，即追加型和等速增减型。追加型数据流的挖掘以固定起点到当前时间点的数据流的全部信息为对象，等速增减型数据流的挖掘以定长的移动时间窗口内的信息为对象。

受有限存储资源的约束，我们按时间或数值的聚合粒度大小，建立各个域的数据流概要结构模型，包括基于域标识的域情境数据流与域基础数据流定义、结构化描述与概要结构。在此基础上，我们首先研究复合域数据的定义、表达模型，数据项的定义和取值引用规范，并最终建立基于域基础数据和域情境数据融合的情境复合域表达模型；其次，在深入研究情境复合域数据的表达模型特点的基础上，提出基于 RFID-Cuboids 模型的海量域数据流扫描、压缩存取策略、更新机制；最后，提出内存、外存数据结构相结合的混合型数据组织体系，针对动态数据流挖掘的要求，混合型数据组织体系可由树型、变长线性表、垂直位图、水平位图等组成，具体如图 7-19 所示。

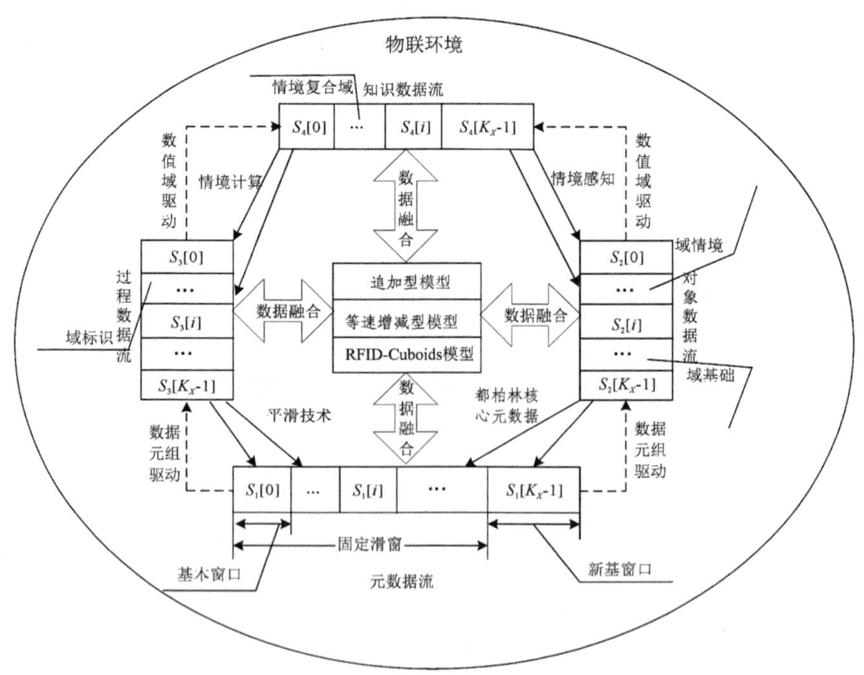

图 7-19　基于情境复合域的数据管理方法

数据融合是情境感知计算中的重要环节，也是物联网中数据挖掘的重要预处理过程。根据物联网数据流的异构不确定性特征，我们研究描述元数据流与过程数据流、对象数据流间的数据融合方法与机制；重点研究数据平滑技术，包括分箱、聚类、回归等实现噪声数据的消除；重点研究卡尔曼滤波法、D-S 证据推理和模糊理论等噪音处理方法；同时，在深入研究都柏林核心元数据的特点之后，提出基于语义元数据的情境复合域数据融合管理模型，进一步构建多域数据融合管理模型。

7.3.2 基于情境复合域的全生命周期跨域挖掘模型

在融入物联的情境复合域数据融合与管理模型的基础上，我们拟采用全生命周期的管理方式构建跨域挖掘管理框架，主要包括搭建云平台感知网络，根据每个域中都包含的感知模块感知域基础数据和域情境数据的变化，并将感知数据传递到云平台中进行统一管理，在数据传递和云平台存储过程中涉及数据迁移融合、实时数据分布式存储、域数据生命周期管理等关键技术，通过全生命周期序列框架的构建达到各个域及其域情境、域基础的数据融合及对整个领域全生命周期管理的目的。认定复合域中的每一条序列数据都是具有衰减性的，对复合域的借鉴的作用会随着时间的增长而削弱，为了更好地动态挖掘跨域数据集中新的模式或关系，我们拟采用渐进对数倾斜时间框架模型对关系序列数据的影响力进行衰减。借鉴传统关系型数据库的数据表达模型，我们采用与非关系型融合的方式构建情境复合域的数据模型，将传统关系型数据集迁移到利用 HDFS 存储的文件系统中，使域情境数据作为相关域基础数据的一部分进行关联存储。考虑到复合域数据之间的融合机制问题，制订跨域挖掘的数据融合标准与规则，采用标识的方式指定复合数据的所属域，对于特殊的复合数据，采用模糊隶属度的方式计算域数据的归属范围，介于不同域之间的数据，均采用冗余存储的方式在每个域中进行存储。鉴于感知模块和生产模块产生的数据具有海量性、快速性等特点，为了达到对整个域进行全生命周期管理及挖掘的目的，我们拟自主搭建 Hadoop 平台，采用分布式方式对数据进行存储，采用 Pig 完成对情境复合域数据的管理，以便为跨域数据挖掘模型提供支撑。

全生命周期关系序列框架的分布式存储模式、异构数据表达模型、全生命周期数据管理方式为基于全生命周期关系序列框架的跨域数据挖掘模型提供了必要条件。由于各个域中数据存在快速性及海量性等特点，为达到挖掘模型能实时处理的效果，我们拟采用 MapReduce 编程模式，以分布式计算的方式来达到快速统计计算的目的。为了挖掘整个域中域间的关联关系，研究频繁序列的相似性、相关性计算准则，我们采用增量计算的方式，实现跨域关联规则挖掘。以如何利用相似领域中的数据信息为出发点，以提高目标领域数据分类任务的精度为目标，以实例迁移和特征迁移为基本手段，我们对如何建立跨域环境下的分类模型进行研究，提出一种基于动态数据集的多步桥接精化迁移方法。如图 7-20 所示，通过多个由源数据分布向目标数据分布动态变化的混合数据集构建迁移环境，建立起源领域与目标领域的桥梁，将原始迁移任务分解成若干个容易解决的迁移子任务，有效实现判别信息的迁移，解决目标领域无标记数据情况下对源数据进行重用的问题；针对目标领域数据不足难以进行分布参数估计的情况，我们提出一种基于嵌入修正的迁移学习方法，利用目标数据中的少量标记数据结合大量的未标记数据对源数据进行选择。在目标领域标记数据较少的情况下,我们结合未标记数据构建基础嵌入空间,在其中对源数据进行投射和筛选,并设计交替优化利用胜出的源数据对基础嵌入空间进行修正,实现源数据判别信息对目标数据划分结构的影响;从特征空间出发,研究数据中隐含的内在结构之间的联系,提出一种基于特征对齐的跨域挖掘方法,通过约束条件下的公共映射空间实现源数据和目标数据在特征空间的对齐,消除领域间数据的分布差异,满足传统分类器对训练数据和测试数据分布一致的要求,最终使问题回归到标准数据挖掘的问题当中,由此实现跨域挖掘。

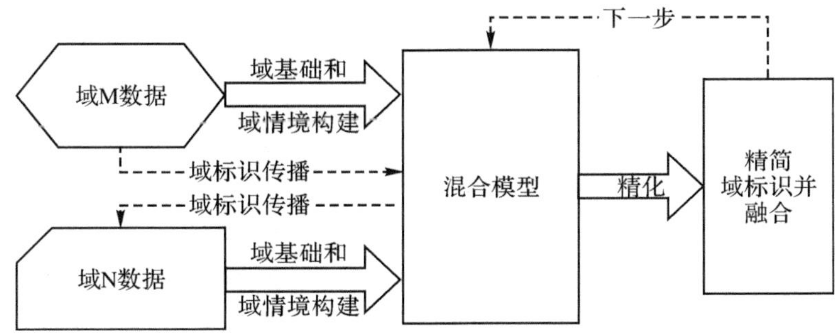

图7-20 多步桥接精化模型

在全生命周期关系序列框架的跨域数据挖掘模型中,针对单个域的挖掘模型进行模型调优,提出运用遗传算法以迭代的方式寻找模型在这个域中的最优值。我们采用半监督的方式管理训练模型,不断优化单个域之间的组成结构及域与域之间的关联关系,提出全生命周期关系序列框架下实例迁移和特征迁移统一优化的思想。考虑到实例迁移方法主要是根据目标领域的特性进行优化,因而具有较好的适应性;而特征迁移主要考虑领域间的共性,因而具有较好的推广性。为了提高跨领域挖掘的实用性,我们考虑了领域间数据的多样性和联系性，提出一种基于样例约束和特征联系的跨域挖掘方法，通过将迁移问题中的实例层信息和特征层信息转换为相应的约束条件，引入新的优化方式将两者有机地结合起来。

针对基于情境复合域的跨域数据挖掘方法，我们拟重点研究有效处理复杂的情境复合域下多维数据的关联规则挖掘算法，实现对海量多维数据的单次扫描，动态获取频繁模式。采用更新速度增量法，该模式由树型、变长线性表、垂直位图、水平位图等组成。这里，我们引入频繁模式集随时间变动的差异度量，以及挖掘结果的容错率，给出频繁模式集更新的近似方法，进一步设计频繁模式随时间变动序列的跨域多维关联挖掘算法。

针对情境约束的跨域数据预测，我们拟采用基于增量存储树的贝叶斯分类器挖掘算法对跨域数据流进行分类，以滑动窗口中的基本窗口为计算单位，每一个数据块作为一个基本窗口，采用基于偏最小二乘回归的 Bootstrap 变量筛选方法对属性数据进行筛选等预处理，接着对处理后的训练集生成动态增量存储树 T_{k_i}，后续到达的流式增量训练集采用 2 的次方的策略对多个动态增量存储树进行不断更新。运用动态增量存储树 T_{k_i} 的数据作为训练样本，采用贝叶斯分类算法，生成对应的贝叶斯分类器 M_{k_i}，应用多分类器集成技术，生成贝叶斯集成分类器 M。通过反复检验训练集的分类精度，对分类器的权值 w_i 进行调整，达到较高的分类精度。运用贝叶斯集成分类器 M 对分类动态数据流进行预测分类，实现分类的目标。

7.3.3 面向精细农业生产的聚类挖掘分析

针对农业中的数据具有数据量大、数据属性的多维性、动态、不完整和不确定等特点，为了有效地从这些数据中深入寻找各种因素的相互联系，我们研究了面向精细农业生产的聚类挖掘分析方法，设计并开发了面向精细农业的数据挖掘与分析模块。数据挖掘与分析模块采用大量农业数据构建了数据库，通过数据挖掘技术从这些数据中寻找新知识以丰富原有的知识库。该模块可以为专家系统提供农作物生长全过程的生产环境调控及生产管理的综合决策依据，例如通过对农田区块进行聚类分析以提供相似服务的决策依据。下面主要通过茶叶案例数据介绍农业数据挖掘中的聚类分析与产量预测。

(1)数据挖掘与分析决策的功能模块。数据挖掘功能具有一定的通用性，可以满足系统功能扩展的需要，主要有如下六个功能：

①数据清洗。清除噪声数据，以及不完整数据的补全。在本书中，必须剔除传感器记录的明显异常的数据。

②数据集成。将来自多数据源的相关数据进行组合。本书可分别用于不同的温室或野外，但需将不同格式的数据转换成统一格式。

③数据转换。将数据转换为易于进行数据挖掘的数据存储形式。

④数据挖掘。利用各种挖掘算法挖掘数据模式和规律知识。本模块可以通过趋势分析与预测、关联分析、相似搜索、序列数据中的序列模式分析等方法获得新的知识。

⑤模式评估。根据一定的评估标准从挖掘结果中筛选出有意义的模式知识。本书中的模型需要经过长时间的数据匹配和验证。

⑥知识表示。利用可视化和知识表达技术，向用户展示所挖掘出的相关知识。

(2)精细农业聚类挖掘分析。

①精细农业环境因子模型的建立。科学合理的土壤成分智能控制技术是实施精准农业变量施肥的高效手段，在精细农业生产中是非

常重要的。以杭州的西湖龙井茶为例，针对茶园的数据量大、不确定性、动态、数据属性的多维性等特点，我们通过数据挖掘技术从这些数据中寻找新知识以丰富知识库，从而提高施水施肥等的精细化水平，实现增产增收、培养土壤、保护土壤、保护资源和环境等多方面的目标。

在茶园的土壤中，影响土壤质量的因子变化的因素多种多样，其中有些是主要因素，有些是次要因素或者噪音。根据大量文献研究及各专家建议，针对采集到的茶园数据，我们选取土壤含水量(%)、温度(℃)、空气湿度(%)、光照度(LX)、CO_2(g/m^3)、pH、有机质(%)、交换铝(cmol/kg)、氮(%)、磷(mg/kg)、速效钾(mg/kg)等属性的值来做数据分析，数据视图如图 7-21 所示，分布视图如图 7-22 所示。

序号	土壤含水量(%)	温度(℃)	空气湿度(%)	光照度(LX)	CO_2(g/m^3)	PH	有机质(%)	交换铝(cmol/kg)	氮(%)	磷(mg/kg)	速效钾(mg/kg)
1	69.5013	16.7252	85.89	158.0958	1.6671	5.4936	0.6214	4.7383	0.1749	19.7077	128.7484
2	62.3114	19.5799	85.0824	180.1491	5.577	5.4126	1.4154	4.0162	0.2071	29.2829	280.5666
3	66.0684	16.0344	81.2388	168.0024	5.1922	5.9803	0.9781	9.074	0.1656	30.5718	92.0104
4	64.8598	19.9494	83.0171	221.6166	6.3341	5.547	2.9082	5.2135	0.1917	32.0807	300.2187
5	68.913	24.5607	81.0836	229.0265	3.9046	5.6781	3.175	6.3815	0.1526	15.8652	545.4542
6	67.621	19.3078	84.7829	183.1328	8.2172	5.5092	1.5228	4.8773	0.1614	18.1109	266.0961
7	64.5647	17.7806	82.2148	228.1616	5.111	5.8294	3.1438	7.7295	0.1384	34.4914	184.8784
8	60.185	18.8982	84.4592	227.6659	8.4699	5.8167	3.126	7.6166	0.2038	31.14	244.3134
9	68.2141	23.1728	81.148	160.4694	8.0604	5.2202	0.7069	2.3018	0.2076	28.661	471.6421
10	64.447	22.1592	85.6939	182.898	9.3605	5.0915	1.5143	1.1552	0.182	17.0594	417.7367
11	66.1543	25.3377	78.241	176.1106	7.1194	5.4526	1.27	4.3726	0.1308	28.9335	586.7789
12	67.9194	24.1608	85.6298	188.8399	1.0028	5.7662	1.7282	7.1668	0.181	25.0565	524.1875
13	69.2181	20.1698	83.7151	239.7374	7.5332	5.2631	3.5605	2.6838	0.1635	33.3196	311.9371
14	67.3821	21.9285	83.1724	226.6778	5.2572	5.9433	3.0904	8.7445	0.1631	18.5888	405.4714
15	61.7627	15.6401	81.5732	174.4291	1.1312	5.4638	1.2094	4.4726	0.1836	26.0025	71.0399
16	64.0571	20.9641	79.397	195.4648	4.4192	5.4894	1.9667	4.701	0.1798	17.4231	354.1796
17	69.3547	20.013	84.682	177.2358	2.9576	5.7277	1.3105	6.8237	0.1533	22.1633	303.5997
18	69.169	24.494	85.7608	192.3181	1.0183	5.9131	1.8535	8.4754	0.1405	18.9146	541.9058
19	64.1027	24.4072	79.0798	219.8981	6.2214	5.5538	2.8463	5.2741	0.164	29.9005	537.2902
20	68.9365	20.1948	80.0079	231.7432	7.7505	5.4468	3.2728	4.3212	0.1464	16.4652	313.2696

图 7-21 茶园数据部分视图(20/1000)

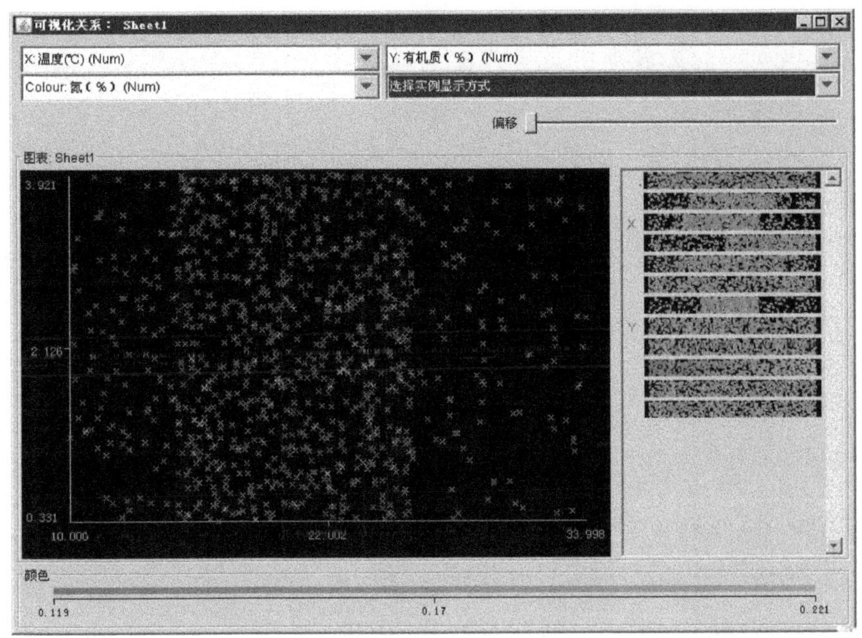

图 7-22 茶园数据多属性可视化分布

利用数据挖掘软件对茶园数据进行挖掘及分析，整个挖掘的实现过程为数据理解，数据的预处理，分类、聚类或规则挖掘，评估与部署等。以聚类挖掘为例，对茶园数据进行建模，如图 7-23 所示。该模型中，以茶园的 1 000 条随机数据为样本，首先可以对其进行抽样处理和数据探索，其次对抽样后的数据进行属性的增加和设置，最后对数据进行基于小波变换的聚类算法挖掘。

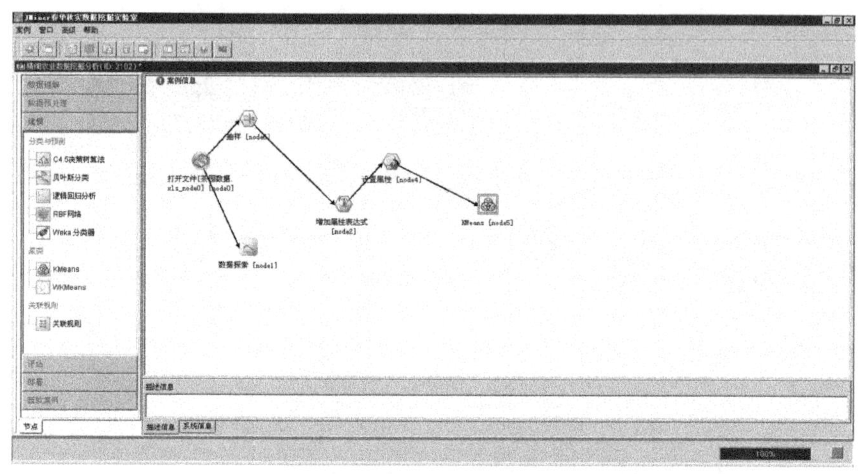

图 7-23　面向精细农业挖掘模型的建立

②精细农业环境因子的挖掘结果分析模块。该模块可对精细农业相关数据的挖掘结果进行分析，通过分析得到一些规则，进而对作物的生长环境的智能监测提出一些建议。对试验地块的农业土壤特性测试数据进行数据挖掘，得到最终聚类的结果，可以根据聚类结果采取合适的施肥、灌溉等精细管理，比如对不同大棚、大棚的不同区块进行相似服务。试验地块的农业土壤特性测试数据的聚类结果如图7-24、图7-25所示。挖掘结果表明，根据茶园土壤的成分含量将其分为三类，可分别对其进行统一的智能决策与服务。

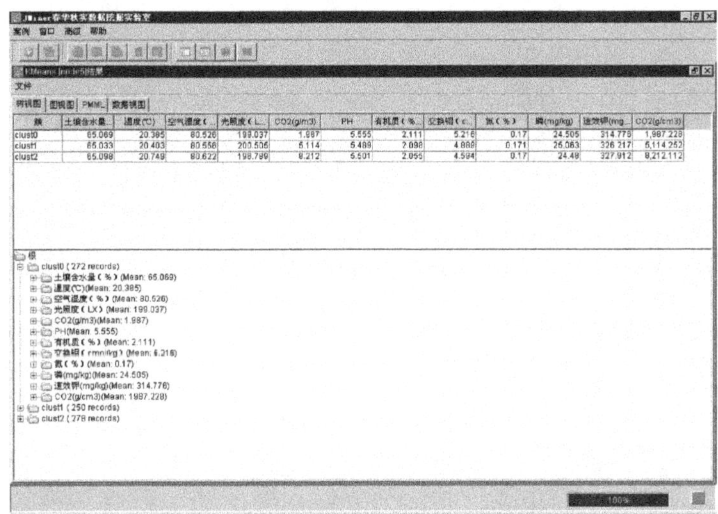

簇	土壤含水量...	温度(℃)	空气湿度(...	光照度(L...	CO2(g/m3)	PH	有机质(%...	交换铝(c...	氮(%)	磷(mg/kg)	速效钾(mg...	CO2(g/cm3)
clust0	65.069	20.385	80.526	199.037	1.987	5.555	2.111	5.216	0.17	24.505	314.776	1,987.228
clust1	65.033	20.403	80.556	200.505	5.114	5.489	2.098	4.888	0.171	25.063	326.217	5,114.252
clust2	65.098	20.749	80.622	198.789	8.212	5.501	2.055	4.594	0.17	24.48	327.912	8,212.112

图 7-24 茶园数据挖掘结果的聚类树视图

序号	土壤含水量	温度(℃)	空气湿度(	光照度(L...	CO2(g/	PH	有机质(%...	交换铝(c	氮(%)	磷(mg/kg)	速效钾(mg	CO2(g/cm3)	簇
1	67.071	15.195	84.316	227.399	3.824	5.641	3.116	6.054	0.168	25.506	47.39	3824	clust1
2	67.241	23.432	82.937	217.994	1.263	6	2.778	9.248	0.178	18.519	485.458	1263	clust0
3	60.381	19.078	81.751	238.355	7.207	5.816	3.511	7.612	0.178	21.821	253.859	7207	clust2
4	64.344	20.208	80.334	163.193	2.571	5.177	0.805	1.917	0.198	32.08	313.946	2571	clust0
5	59.691	11.258	78.77	268.668	6.585	4.772	2.57	6.984	0.184	23.706	184.24	6585	clust1
6	64.565	17.781	82.215	228.162	5.111	5.829	3.144	7.73	0.138	34.491	184.878	5111	clust1
7	58.208	13.692	75.072	278.939	0.705	4.639	3.803	5.68	0.187	33.565	468.974	705	clust0
8	56.167	14.384	73.385	255.168	7.993	4.835	0.95	7.616	0.161	21.7	547.529	7993	clust2
9	58.91	12.082	72.218	288.23	4.414	4.747	2.518	6.748	0.208	27.879	278.204	4414	clust1
10	55.784	11.031	77.943	267.989	3.54	4.71	1.29	6.379	0.158	15.722	157.655	3540	clust0
11	64.018	18.537	81.241	174.25	5.184	5.307	1.203	3.077	0.16	34.028	116.743	5184	clust1
12	62.713	20.034	81.156	196.354	6.986	5.474	1.999	4.559	0.184	25.891	336.622	6996	clust2
13	65.668	15.531	78.097	164.626	7.23	5.718	0.858	6.736	0.128	10.818	65.233	7230	clust2
14	66.211	22.077	84.268	169.468	6.757	5.59	0.671	5.601	0.169	27.668	413.389	6757	clust2
15	65.678	19.148	78.887	223.24	0.881	5.101	2.967	1.237	0.167	22.29	257.518	881	clust0
16	60.073	20.75	85.571	164.065	5.398	5.396	0.836	3.872	0.184	33.104	342.775	5398	clust1
17	62.132	15.508	84.404	159.619	7.004	5.014	0.676	0.466	0.159	19.343	63.994	7004	clust2
18	66.831	19.411	84.258	246.806	0.568	6.615	3.815	5.816	0.171	21.183	271.561	588	clust0
19	62.473	25.935	80.287	220.623	1.442	5.818	2.872	7.624	0.192	20.887	618.526	1442	clust0
20	69.334	25.082	80.832	211.55	3.868	5.203	2.546	2.149	0.156	16.181	573.712	3868	clust1
21	64.797	18.838	80.435	159.654	1.214	5.81	0.679	7.558	0.214	30.071	241.141	1214	clust0
22	73.077	29.438	73.831	121.751	3.674	6.128	0.54	1.483	0.173	22.731	286.427	3674	clust1
23	67.621	19.308	84.783	183.133	8.217	6.509	1.523	4.877	0.161	18.111	266.086	8217	clust2
24	66.774	22.44	81.783	243.54	7.832	5.578	3.697	5.488	0.193	24.572	432.701	7832	clust2
25	64.841	20.646	82.077	192.582	1.499	6.029	1.863	0.6	0.156	26.368	337.276	1499	clust0
26	68.392	23.088	85.862	211.301	9.014	5.928	2.537	8.61	0.12	14.355	467.157	9014	clust2
27	69.492	18.224	82.244	199.339	3.736	5.841	2.106	7.832	0.168	28.502	208.434	3736	clust1
28	67.709	19.009	84.517	172.239	9.029	5.258	1.131	2.642	0.175	24.787	250.228	9029	clust2
29	69.926	15.494	85.458	246.594	9.12	5.086	3.807	1.102	0.193	16.652	63.298	9120	clust2
30	63.932	23.914	83.677	173.7	1.803	6.089	1.183	1.131	0.175	29.638	511.089	1803	clust0
31	61.165	22.028	79.079	161.936	2.636	5.741	0.76	6.941	0.13	28.999	410.756	2636	clust0

图 7-25 茶园数据挖掘结果的聚类数据(二维表)视图

(3)农业产量预测分析模块。本模块主要实现了基于历史数据对多种茶叶产量的预测,数据源方面不仅考虑了数据库、XML 文件、Excel 文件等多种数据格式,还考虑了历史数据的同比和环比,同时给予用户一定的维度控制和调整权限,通过权重能够反映作物的当前长势、气候状况等对当月产量的影响。图 7-26 是预测软件的配置界面,图 7-27 和图 7-28 分别是预测结果的图形化展示和文字表述。

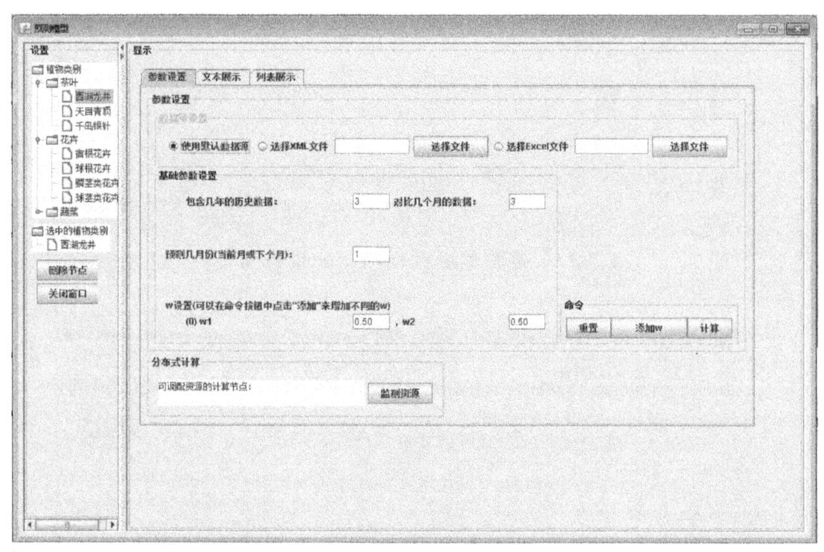

图 7-26　预测软件的配置界面

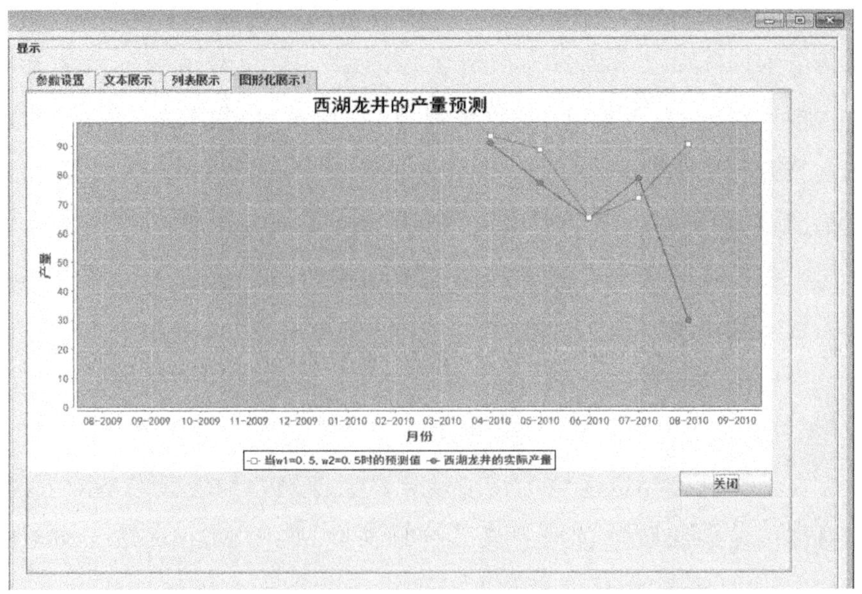

图 7-27　预测结果的图形化展示

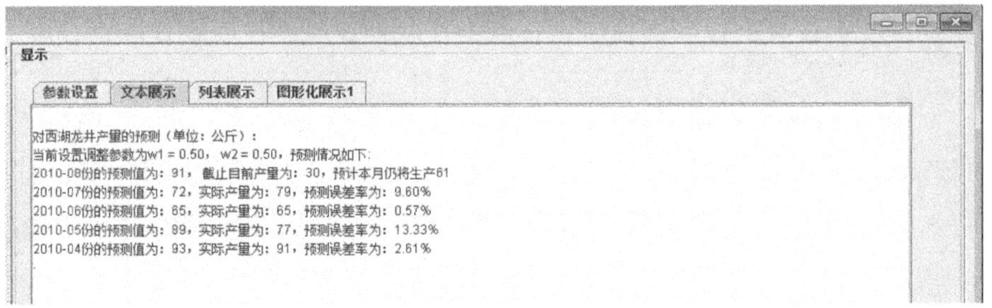

图 7-28　预测结果的文字表述

7.3.4 面向农产品供应链的情境复合域跨域数据挖掘系统

针对面向农产品供应链的情境复合域跨域数据挖掘应用，我们拟面向农产品供应链设计符合该领域的域情境特征和域基础特征，感知模块以 RFID 和二维码作为识别装备，参考 RFID 技术的标准体系的空中接口规范、物理特性、读写协议、编码体系、应用规范、测试规范、数据安全和应用管理等规范，研究并设计面向农产品供应链的感知数据标准，并将感知模块域情境数据和域基础数据融合构成情境复合域数据。在搭建的云平台感知网络上根据农产品供应链每个域中都包含的感知模块感知域基础数据和域情境数据的变化，将感知数据传递到云平台中进行统一管理，具体包括农产品情境复合域数据的迁移融合、实时数据分布式存储、域数据生命周期管理等关键技术。

在面向农产品供应链的情境复合域数据融合和管理的基础上，我们对情境复合域数据进行了深入挖掘研究，采用 MapReduce 编程模式，以分布式计算的方式对农产品供应链的全生命周期进行挖掘，来达到优化农产品供应链的目的。同时，我们采用频繁序列的相似性、相关性计算准则，采用增量计算的方式，实现对农产品供应链的跨域关联规则挖掘。

我们对农产品供应链的情境复合域数据进行深入挖掘，以期降低农产品流通过程中的成本，提高生产、流通、加工环节的利润，使其更精细化。对跨领域的多维数据库挖掘高层次关联规则，我们在多维数据库的框架下，基于表之间的联系，进一步对客户、市场、销售等领域进行分析评估，在域标识的基础上集成 WSN、手机通讯、RFID 和数据挖掘等关键技术实现农产品跨域的异常监测。信息采集模块用 WSN 实时采集农产品的产地及加工域的环境信息，采集生产域的湿度、温度、水质和光照等环境信息，采集农药的使用、饲料投放等生产信息，为安全的追溯跟踪提供实时数据；基于 RFID 的农产品安全追溯模块可以实现农产品身份的自动识别，以域标识编码、上市日期等为索引，对应复合情境数据库中产地的环境信息、生产中化肥农药使用和饲料投放等信息，实现系统的查询、追溯功能；跨域的监测管理包括监测样点优化规划、监管信息、信用信息及产品投诉与建议等。

7.3.5 基于本体的知识表示方法及领域本体知识库

专家系统的性能取决于知识库中所拥有知识的数量和质量，这是专家系统区别于一般的计算机应用软件系统的一个重要特征。知识库中的知识来源于知识获取机构，同时又为推理机提供求解问题所需的知识，与两者都有密切关系。知识库存放知识的方式是由知识表示策略决定的，具有知识存储、编排、检索、增删、更新和扩充等功能。知识库管理系统负责对知识库中的知识进行组织、管理和维护等。专家系统中其他任何部分如果要与知识库发生联系，都必须通过该管理系统来完成。这样就可以实现对知识库的统一管理和使用。专家系统的问题求解是运用专家提供的专门知识来模拟专家的思维方式进行的，知识库的建立是建造专家系统的中心任务。因此，必须建立起完整、有效的知识库，以满足求解问题的需要。

为此，本书基于本体的结构化知识库模型，分析本体的语义表示，动态生成语义模板，对异质异构的农作物种植信息（文献、行业数据、图片、专家经验、作物生长模型等）进行统一的表示和集成，将自然语言描述或非结构化的信息转化为形式化、结构化的知识记录。设计了特定的知识存储模型，支持对大规模的领域知识的集中存储及知识记录的高效读写操作。设计了知识库的查询与推理，设计和开发农作物种植知识库的访问和查询接口，支持基于关键字的知识搜索和知识查询，同时实现对基本的知识的推理；支持对最基本的语义关系进行推理，动态关联和扩展知识查询请求。

专家系统所构建的知识库来源于与精细农业生产领域相关的农业科技文献知识、常识性知识、农户的经验知识及农业专家提供的知识。本书所建立的农业专家系统主要研究农作物的知识表示方法及其推理机制，即知识库和推理机的构建；本书对领域知识采用基于本体的知识表示方法构建本体库，建立基于模糊控制推理的自适应模型，并通过优化闭环控制来优化专家系统。

1）领域本体知识库的构建

整个农业领域的知识是庞大的，因此农作物农业生产知识的建模是一项复杂的系统工程，本体是共享概念的、明确的、形式化的规范说明，是信息、知识的底层架构。目前，在具体领域本体的构建过程中已总结出许多本体建模的方法，并开发了相应的本体建模工具，这些都为领域本体的构建提供了强有力的技术支持。本体的构建使得领域知识的共享和重用成为可能。在众多的领域知识中，农业领域知识是一种高质量的生产要素，可以使农业劳动力和资本生产的效率大幅度提高；农业领域知识也是农业信息应用的基础，像农业信息系统、农业决策系统、农业专家系统、农业智能控制系统、农业语言处理系统和农业教学系统等都离不开农业知识。农业领域知识本体是一个包含农业术语、定义及术语间规范关系说明的体系，是农业学科领域内概念、概念与概念间的相互关系的形式化表达。这种形式化的表达可成为农业知识软件系统中可重用和共享的组件，让机器能够理解，为人与人之间、组织与组织及计算机之间的通信提供了统一的术语和概念，使农业知识共享成为可能，同时也有利于农业知识的获取，可以提高获取的速度和可靠性。

本书以构建茶学领域本体为例进行模型构建的说明。茶学作为一门农业学科，其知识系统包含了大量的概念和关系，要从复杂的茶学知识系统中抽象出易于重用的领域知识，需要进行有效的概念建模，构建茶学领域本体。在茶学领域本体中主要构建茶树害虫知识本体，根据本体的定义，我们把茶树害虫知识本体定义为茶树害虫领域中所涉及的概念模型，是茶树害虫领域所共识的、可以用计算机表示的、并提供茶树害虫领域共享的茶树害虫概念模型。茶树害虫知识本体由概念、属性、公理和实例等构成。茶树害虫概念是指茶树害虫诊断过程中所涉及的名词集合，其所针对的领域是茶树害虫诊断领域，包括了茶树害虫和危害因素两个部分的概念集合。茶树害虫属性包括了类与类之间的关系、类与属性之间的关系、属性之间的关系等内容。公理是无法被证明或决定对错的，被认为是不证自明的一个命题。因此，其真实性被视为是理所当然的，且被当作演绎及推论其他事实的起点。概念、属性、公理等均是实例的抽象，实例是现实对象，实例是人们研究知识库的目的，知识库中的数据以实例的方式加以保存和应用。

在茶树害虫属性表示中，把受害部位（harms）、危害方式（hasHarmMode）、所生存的茶区（livesIn）、症状（hasSymptom）、图像（17WDPath）、防治方法（hasMethodsOfControl）、农业防治（agriculturalControl）、人工防治（artificialControl）、生物防治（biologicalControl）、清洁茶园（cleanTeaGarden）和药剂防治（medicamentControl）等作为其属性。其关系如图 7-29 所示，图 7-29 中的圆圈表示类，虚线表示属性，圆圈中的小方块表示实例。

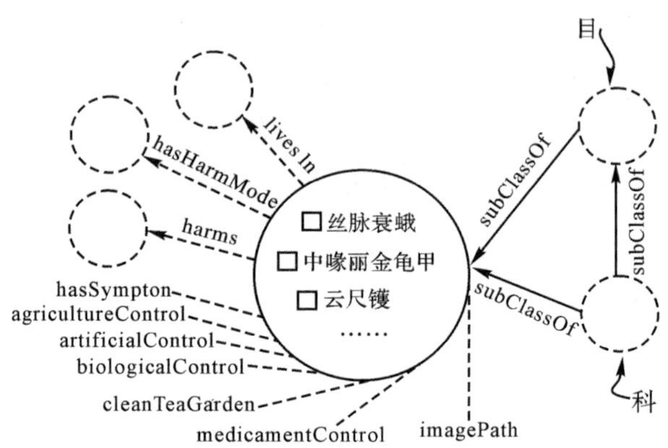

图 7-29 茶树害虫本体类与属性

OWL 是一种本体描述语言,OWL 描述的本体更为规范,能被广泛共享和计算机处理。茶树害虫本体的类及属性用 OWL 表示如下:

```
<owl: Class rdf: about="#丝脉蓑蛾">
<rdfs: subClassOf rdf: resource="#蓑蛾科"/>
<owl: Class rdf: about="#中喙丽金龟甲">
<rdfs: subClassOf rdf: resource="#金龟甲科"/>
…
<owl: Class rdf: about="#刺蛾科">
<rdfs: subClassOf rdf: resource="#鳞翅目"/>
<owl: Class rdf: about="#卷叶蛾科">
<rdfs: subClassOf rdf :resource="#鳞翅目"/>
……
<owl: Class rdf: about="#半翅目">
<rdfs: subClassOf rdf: resource="#茶树害虫"/>
```

```
<owl：Class rdf：about="＃双翅目">
<rdfs：subClassOf rdf：resource="＃茶树害虫"/>
</owl：Class>
…
<owl：ObjectProperty rdf：about="＃harms ">
<rdfs：range rdf：resource="＃危害部位"/>
<rdfs：domain rdf：resource="＃茶树害虫"/>
</owl：ObjectProperty>
<owl：ObjectProperty rdf：about="＃hasHarmMode ">
<rdfs：range rdf：resource="＃危害方式"/>
<rdfs：domain rdf：resource="＃茶树害虫"/>
</owl：ObjectProperty>
<owl：ObjectProperty rdf：about="＃livesIn ">
<rdfs：range rdf：resource="＃所生存的茶区"/>
<rdfs：domain rdf：resource="＃茶树害虫"/>
</owl：ObjectProperty>
<owl：DatatypeProperty rdf：about="＃agriculturalControl ">
<rdfs：comment>农业防治</rdfs：comment>
<rdfs：subPropertyOf rdf：resource="＃hasMethodsOfControl "/>
</owl：DatatypeProperty>
<owl：DatatypeProperty rdf：about="＃artificialControl ">fs：comment
>人工防治</rdfs：comment>
<rdfs：subPropertyOf rdf：resource="＃hasMethodsOfControl "/>
</owl：DatatypeProperty>
```

```
<owl：DatatypeProperty rdf：about="#biologicalControl ">
<rdfs：comment>生物防治</rdfs：comment>
<rdfs：subPropertyOf rdf：resource="#hasMethodsOfControl "/>
</owl：DatatypeProperty>
<owl：DatatypeProperty rdf：about="#cleanTeaGarden ">
<rdfs：comment>清洁茶园</rdfs：comment>
<rdfs：subPropertyOf rdf：resource="#hasMethodsOfControl "/>
</owl：DatatypeProperty>
<owl：DatatypeProperty rdf：about="#hasMethodsOfControl ">
<rdfs：comment>防治方法</rdfs：comment>
</owl：DatatypeProperty>
<owl：DatatypeProperty rdf：about="#hasSymptom ">
<rdfs：comment>症状</rdfs：comment>
</owl：DatatypeProperty>
<owl：DatatypeProperty rdf：about="#17WDPath "/>
<owl：DatatypeProperty rdf：about="#medicamentControl ">
<rdfs：comment>药剂防治</rdfs：comment>
<rdfs：subPropertyOf rdf：resource="#hasMethodsOfControl "/>
</owl：DatatypeProperty>
```

2)基于规则的知识表示方法

规则形式捕获人类问题求解的行为特征，其表现形式单一、直观，有利于知识的提取和形式化，其问题求解符合人的认知过程，且计算机容易实现，有利于问题求解和专家系统的开发。专家系统把温度、湿度、光照、土壤等相关环境因素用规则方式进行表示，并以茶叶为例进行构建。

亚热带丘陵区为我国的主要产茶区。据统计，我国亚热带丘陵区的茶园面积为79万公顷，占全国茶园总面积的70%左右，茶叶产量为60万吨，占全国总产量的80%左右。该区虽然雨热资源丰富，物种繁多，但季节性干旱和水土流失严重、土壤贫瘠、病虫草害猖獗、环境恶化，长期存在着茶叶产量不高、茶叶品质较低、市场竞争力不强、生产效益不明显等一系列问题。浙江省是中国绿茶生产与出口加工的重要基地，2003年浙江省绿茶出口已占全国绿茶出口总量的67%，而2005年则达到了70%。丘陵地区茶园土壤贫瘠，害虫杂草多，特别是夏秋季高温强光和季节性干旱导致茶叶产量低、品质差，已经严重阻碍了农民收入的提高和农业经济的发展。茶叶作为特色产业，对其进行精细化操作，构建生态茶园对茶叶的生产具有重要意义。

有研究表明，茶树根系生长和吸收养分、水分的适宜温度为15～26℃，当土壤温度超过29℃时，则其生长速度缓慢、吸收功能差；当土壤温度超过35℃时，根系吸收养分和水分的进程明显受阻；而且当土壤温度超过37℃时，根系停止生长，甚至会出现不同程度的坏死。

为了保持树芽叶鲜嫩，茶园内空气相对湿度宜保持在78%以上，日最低相对湿度最好也在70%以上，并且茶园土壤的地间持水量应保持在65%左右适宜。

茶树喜弱光而耐阴。在弱光下，茶树鲜叶中含大量叶绿素B，能有效地利用日光中的蓝紫光促进植株体内蛋白质和含氮物质的形成和积累，紫外线还有利于芳香物质的增加。同时，若日照百分率＜45%，生产的茶叶质量较优；若＜40%则质量更好。

从茶树新梢发育、根系生长及整株的生物产量来看，茶树最适的土壤pH值范围应在5.0～6.0，茶树对磷素吸收的最佳pH值为5.5，最适pH值范围也为5.0～6.0，且这时的土壤酸度还有利于磷向新梢部分分配，促进茶树生长。因此，在生产中，对于pH值低于5.0或高于6.0的茶园土壤，应采取合适的调控措施使其向最佳pH值方向发展。土壤pH值小于4.0，则土壤已变为强酸性，可以用施石灰来改良。

我们根据空气温度(kqwd)、日照百分率(rzbfl)、空气湿度(kqsd)、茶叶的土壤含水量(trhsl)、土壤pH值(trphz)，共组合规则80条。

IF kqwd=15～26℃ and rzbfl=小于45% and kqsd=大于70% and trhsl=大于65% and trphz=小于4.0

THEN 施石灰

IF kqwd=小于15℃ and rzbfl=小于45% and kqsd=大于70% and trhsl=大于65% and trphz=5.0～6.0

THEN 采用大棚提高温度

IF k qwd=15～26℃ and rzbfl=小于45% and kqsd=小于70% and trhsl=小于65% and trphz=小于4.0

THEN 喷洒水雾、滴水

IF kqwd=大于30℃ and rzbfl=小于45% and kqsd=大于70% and trhsl=大于65% and trphz=小于4.0

THEN 采用大棚降温、施石灰

IF kqwd=15～26℃ and rzbfl=小于45% and kqsd=小于70% and trhsl=大于65% and trphz=小于4.0

THEN 施石灰

IF kqwd＝15～26℃ and rzbfl＝大于 50％ and kqsd＝大于 70％ and trhsl＝大于 65％ and trphz＝5.0～6.0

THEN 遮阴网覆盖

……

除了茶叶知识库，在研发过程中我们还构建了其他知识库，诸如大棚作物大粒度环境因子知识推理库、柑橘知识库等。

7.3.6 基于过程神经元网络的全过程农产品生产预测与决策方法

农作物种植知识库包含了大规模的农作物种植知识；而利用 WSN 对农作物的生长环境进行监测，将得到大量原始的监测数据。如何利用领域知识和监测数据来辅助农作物的种植和生产管理，是本书所要重点研究和解决的问题。为此，本书以农作物种植知识库为基础，结合与分析了农作物监测数据，实现了基于知识的农作物生产预测与决策。具体研究工作和方案如下：

(1)基于语义的监测信息分析与推理。将通过 WSN 等手段监测得到的数据向知识库的农作物本体进行映射，将监测信息转换为形式化的语义描述信息，并结合本体推理算法和基于案例的推理算法进行语义推理，从知识库中推理得到与监测信息直接或间接相关的知识记录。我们采用基于约束系统的 Tableau 演算作为本体推理算法，支持对 OWL 本体的语义关系推理，同时利用 CBR 的推理算法，实现了基于案例的知识推理。

(2)基于过程神经元网络的农作物生长情况预测。归纳和分析影响农作物产量的各种生长因素(温度、湿度、雨量、光照、CO_2、土壤条件、施肥量等)，充分考虑生长因素对农作物的积累效果，利用过程神经元网络对农作物的生长情况和病虫草害发生情况进行预测。同时，随着农作物发育的进展动态输入植株的变化情况，动态调整和控制神经元网络模型。在本书中，我们针对农作物生长的环境要求等，归纳和分析影响区域农作物产量的 n 个生长因素（温度、湿度、雨量、光照、CO_2、土壤条件、施肥量等），建立了一个 n 元的网络输入向量 $X(t)=[x_1(t),x_2(t),\cdots,x_n(t)]$，利用含单隐层的前馈过程神经元网络来建立农作物的生长情况预测模型，网络输入与输出之间的映射关系可以为，$[0,T]$为输入过程区间；j 为隐层节点的激励阈值；f 为过程神经元激励函数；g 为输出神经元激励函数；θ 为输出神经元的激励阈值，其中 f 和 g 都是非线性函数。拟利用输入与输出的关系反映各种生长因素对农作物的生长情况的累计效果。具体如图 7-30 所示。

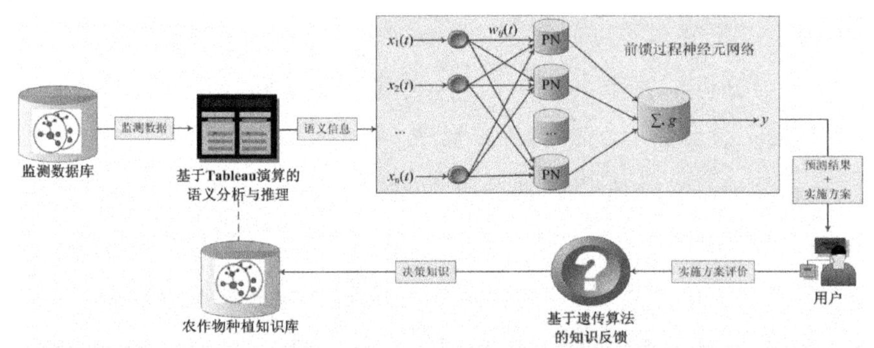

图 7-30　农作物生长情况预测过程

（3）多目标的农作物生产决策支持。针对多目标的农作物生产决策支持，由于需要有多个输出，我们拟利用更为一般的前馈过程神经元网络进行模拟。该网络含多个隐层，支持多输入多输出的情况，网络中包含多个不同类型的过程神经元隐层，来模拟不同的农业生产子目标的决策。为此，本书在充分考虑与农作物种植生产相关的关键因素，根据农业生产中不同的子目标，建立了对应的基于过程神经元网络的评估决策模型。将经过语义转换的监测数据作为决策的输入，对将要采取的生产措施进行评估和决策。根据决策的结果，从知识库中获取对应的生产实施过程和实施细节，自动地给出相应的生产措施建议(灌溉、施肥、施药、保持温湿度等)。

(4)基于决策反馈的知识库自我完善。本书通过农作物生产决策支持系统，向用户提出农作物生产实施方案，在用户完成实施之后，能够通过一定的方式将实施结果反馈给系统，从而对决策支持的效果进行验证和评价。对于效果较好的决策，将作为新的种植知识存储到知识库中，实现知识库的自我完善和扩充。为此，我们采用遗传算法对反馈的决策知识进行筛选，将所有经过用户评价的实施方案进行非二进制的染色体编码，利用多点交叉和单点变异的遗传算子对染色体进行演化，将适应度较低的染色体淘汰，而选取其中适应度较高的染色体，并将其还原为决策知识，扩充到知识库中，实现了知识库的自我完善。

7.3.7 基于数据挖掘的全过程农业生产预测与自适应专家系统

本书在上述研究的基础上，针对大棚作物生产环境中温度、湿度、光照等被控量之间存在着强烈的耦合关系，研究并设计了基于自适应模糊控制器的农作物模糊控制推理机制。在采用专家知识库、实时检测数据的基础上，本书设计并开发了基于农业专家知识库、面向精细农业的数据挖掘和自适应建模等辅助手段的农业生产自适应模型与闭环优化控制系统。具体包括以下几个部分：

(1)基于模糊控制推理机制的自适应模型构建。由于农作物在生长过程中，其各种环境因素间存在着强耦合关系，如何构建推理机制对其进行精确控制，是本系统重点解决的问题。

①通过对茶叶生长过程中多种被控对象的研究，我们采用了具有模仿人思维的模糊控制等人工智能技术的控制策略，构建自适应模型。

针对茶叶生产环境中温度、湿度、光照等被控量之间存在着强烈的耦合关系，支持精细农业的智能监测与服务系统要将其设计为一种具有较好的控制精度，较好的动态品质及良好稳定性、均匀性的系统，必须采用先进的计算机控制技术及具有模仿人思维的模糊控制等人工智能技术的控制策略，并根据被控对象的具体特点，对以上多种技术进行综合权衡和侧重，以达到系统的良好静态及动态品质，良好的稳定性和均匀性，以利于茶叶生长。系统的自适应模型为 $G(s)=F(s)e^{-25}$，其中 $F(s)$ 为不包含纯延迟环节的未知系统对象特征，e^{-25} 为系统纯延迟环节。

②研究模糊控制理论，实现智能地控制执行机构的功能。本书重点设计了自适应模糊控制器的智能解耦控制结构、多变量模糊控制器、自调整函数的实现。

根据茶叶生长过程中温度、湿度、光照、pH 值等环境因子的具体特点，本书采用基于自适应模糊控制器的智能解耦控制结构。模糊控制的最大特征是它能将操作者或专家的控制经验和知识表示成语言变量描述的控制规则，然后用这些规则去控制系统。因此，模糊控制特别适用于对数学模型未知、复杂的非线性系统进行控制。

由于基于数据挖掘的全过程农业生产预测与自适应专家系统是一个多目标、强耦合、大滞后的非线性系统，模糊控制器是一个多变量模糊控制器。由于直接设计多变量模糊控制器难度较大，本书将多变量模糊控制器在结构上进行解耦，即分解成若干个多输入、单输出的模糊控制器，进而实现模糊控制。解耦结构框如图7-31所示。

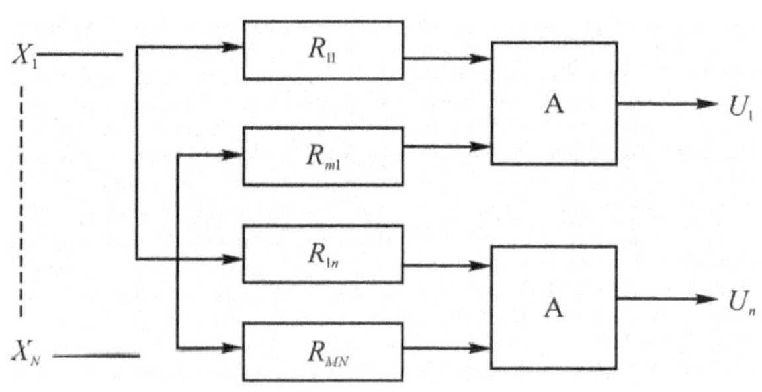

图 7-31　解耦结构框

多变量模糊控制器的输出及模糊关系如下：

该多变量模糊控制器的输出为

$$
\begin{aligned}
u_1 &= x_1 \cdot R_{11} \Lambda x_2 \cdot R_{21} \Lambda \cdots \Lambda x_{m1} \cdot R_{m1} \\
u_2 &= x_1 \cdot R_{12} \Lambda x_2 \cdot R_{22} \Lambda \cdots \Lambda x_{m2} \cdot R_{m2} \\
&\vdots \\
u_n &= x_1 \cdot R_{1n} \Lambda x_2 \cdot R_{2n} \Lambda \cdots \Lambda x_{mn} \cdot R_{mn}
\end{aligned}
\tag{7-1}
$$

其中，模糊关系为

$$R_{kj} = \bigcup_{i=1}^{i} (x_{ki} \cdot u_{ji})(k = 1,2,\cdots,m, j = 1,2,\cdots,n) \tag{7-2}$$

自调整函数的构造公式为 $\eta = k \mid e/r \mid^{p}$，式中 k,p 为整定参数，r 为目标值。

通过设定合理的 k,p 值，自调整函数可以根据偏差和目标值 r 的变化，灵活调整模糊控制规则。利用自调整函数可克服或减弱模糊控制器可能产生的振荡及稳态误差。这样既改善了系统的动态响应状况，又提高了系统的稳态性能。

本系统的推理机制是在模糊控制策略下针对综合数据库中的当前信息，识别和选取知识库中对当前问题求解有用的知识进行推理。本书在构建农业专家系统中采用模糊控制的推理机制，并以茶叶为例进行介绍。

农田多环境因子的变化过程是非线性、时变性和多变量的，通过模糊推理，可以根据检测到的各参数与设定值的偏差及偏差变化率，给出控制对象的控制决策。模糊控制规则建立的时候，根据专家经验和实验结果，在偏差较大时，应该首先调整控制量，以快速减小误差为主；在偏差的误差（精度）较大的时候，应该以减小偏差的误差为主；在误差和精度都较小的情况下，以减小误差为主。根据这个经验，可以得到以下的模糊控制规则表。

③温度模糊控制器的设计。温度模糊控制器的输入是检测到的温度值与设定的温度值的偏差及当前温度和前次温度的偏差变化率。应用模糊推理，得出控制压缩机和风扇的控制决策。其中，$E=t_0-t$，t_0 为设定的温度，t 为测得的温度；$E_c=E_{本}-E_{前}$；$E_{本}$ 为本次测定的温度偏差，$E_{前}$ 为前次的温度偏差。

根据资料，茶棚内温度为 15～26℃，可调，精度范围在±0.5℃。可以将温度的偏差 E 分成五个模糊子集，分别为 PB，PS，ZO，NS，NB，量化论域为{－2，2}。压缩机和风扇的组合一共有四种，分别为

$F1$：压缩机开，通风风扇转速快；

$F2$：压缩机开，通风风扇转速中；

$F3$：压缩机开，通风风扇转速慢；

$F4$：压缩机关，通风风扇关。

其输出量的论域为{－2，－1，0，1}。

结合温度偏差的隶属度知识，我们可以得到以下的模糊控制规则如表7-1、表 7-2 所示。

表 7-1 温度模糊控制规则表 1

U		E				
		PB	PS	ZO	NS	NB
E_c	PB	$F1$	$F1$	$F2$	$F3$	$F4$
	PS	$F1$	$F2$	$F3$	$F4$	$F4$
	ZO	$F2$	$F2$	$F4$	$F4$	$F4$
	NS	$F3$	$F3$	$F4$	$F4$	$F4$
	NB	$F3$	$F4$	$F4$	$F4$	$F4$

表 7-2 温度模糊控制规则表 2

U		E				
		−2	−1	0	1	2
E_c	−2	−2	−2	0	1	2
	−1	−2	−1	0	1	1
	0	−1	−1	1	1	1
	1	0	0	1	1	1
	2	0	1	1	1	1

根据模糊控制规则表，可以看出，当 U 为−2 时，选择 F1 的风扇和压缩机的组合；当 U 为−1 时，选择 F2 的组合；当 U 为 0 时，选择 F3 的组合；当 U=1 时，选择 F4 的组合；根据模糊控制表，控制量 U 与相应子程序对应情况如表 7-3 所示。

表 7-3 控制量 U 与相应子程序对应表

U 值	对应调用子程序
U=−2	调用控制风扇和压缩机的子程序，使风扇状态为快速，压缩机状态为开
U=−1	调用控制风扇和压缩机的子程序，使风扇状态为中速，压缩机状态为开
U=0	调用控制风扇和压缩机的子程序，使风扇状态为慢速，压缩机状态为开
U=1	压缩机和风扇状态均为关，返回采集程序

(2)湿度模糊控制器的设计。利用传感器检测到的湿度数值与设定的湿度的偏差及当前湿度和前次湿度的偏差变化率,应用模糊推理,以得出茶棚内加湿器的控制决策。其中,$E=t_0-t$,t_0 为设定的湿度,t 为测得的湿度;$E_c=E_{本}-E_{前}$,$E_{本}$ 为本次测定的湿度偏差,$E_{前}$ 为前次的湿度偏差。根据资料,相对湿度 $RH/\%$:78%~95%,可调,可以将湿度的偏差 E 分成五个模糊子集,分别为 NB,NS,ZO,PS,PB,量化论域为{-2,2};控制对象是加湿器的开关,其状态为开和关两种,用 ON 和 OFF 来表示,控制量论域为{0,1}。结合湿度偏差的隶属度知识,可以得到如表 7-4、表 7-5 所示的模糊控制规则表。

表 7-4　湿度模糊控制规则表 1

U		E				
		NB	NS	ZE	PS	PB
E_c	NB	OFF	OFF	OFF	OFF	ON
	NS	OFF	OFF	OFF	ON	ON
	ZE	OFF	OFF	OFF	ON	ON
	PS	OFF	OFF	ON	ON	ON
	PB	OFF	ON	ON	ON	ON

表 7-5　湿度模糊控制规则表 2

U		E				
		-2	-1	0	1	2
E_c	-2	1	1	1	1	0
	-1	1	1	1	0	0
	0	1	1	1	0	0
	1	1	1	0	0	0
	2	1	0	0	0	0

根据模糊控制表,控制量 U 与相应子程序对应情况如表 7-6 所示。

表 7-6 控制量 U 与相应子程序对应表

U 值	对应调用子程序
$U=0$	调用控制加湿器的子程序，使加湿器状态为开
$U=1$	加湿器状态为关，返回采集程序

(3)基于优化闭环控制的系统优化。本书在研究了农业专家知识库及面向精细农业的数据挖掘和自适应建模等辅助手段的基础上，构建了农业专家系统，采用优化闭环控制方法实现了系统的优化。

7.4 农业电子商务与物流一体化“贯通协同式作业链”处理机制

在现代农业电子商务环境下，“贯通协同式作业链”模式集成了 Web 前端和企业后端系统，从农业商务管理与物流管理角度出发，利用集成化、价值化、智能化和网络化的管理，借助工作流管理思想和信息技术实现了真正意义上的一体化管理，充分挖掘了企业大环境中每一个操作单元的潜在价值。在“贯通协同式作业链”模式下，我们将企业的农业商务管理功能基于物流划分成生产链、采购链、销售链、资源链和管理链。采购链通过供应链管理(Supply Chain Management，SCM)和企业信息门户与供应商/合作伙伴/物流公司完成实体采购物流；销售链通过需求链管理(Demand Chain Management，DCM)和企业信息门户与分销商/物流公司/终端客户完成实体销售物流；资源链通过企业资源计划(Enterprise Resource Planning，ERP)与企业信息门户完成实体生产物流；管理链通过其他内部控制单元如客户关系管理、知识管理、人力资源管理、工作流管理等完成协同商务物流。协同商务物流不局限于传统的物流操作的核心功能，比如运输、仓储和配送等，而且随着物流活动的扩展，其功能与商务活动的融合程度在逐渐加深。在贯通协同的过程中，商务与物流有关的信息、过程和人（组织）在不同地点中共同营造了一个虚拟的协同工作环境，使其可以在同一数字化的信息模型上一起工作。在这种虚拟环境中，不同的“人”使用不同的“信息”执行不同的“过程”。工作流操作单元就是通过对“过程”的分解与分析，抽象出不同的过程中的操作单元——人物角色（以下简称“角色”），依据过程定义角色的状态和行为，建立角色间的协作交互模型，实现商务与物流一体化“贯通协同式作业链”处理。商务和物流一体化“贯通协同式作业链”模式如图 7-32 所示。

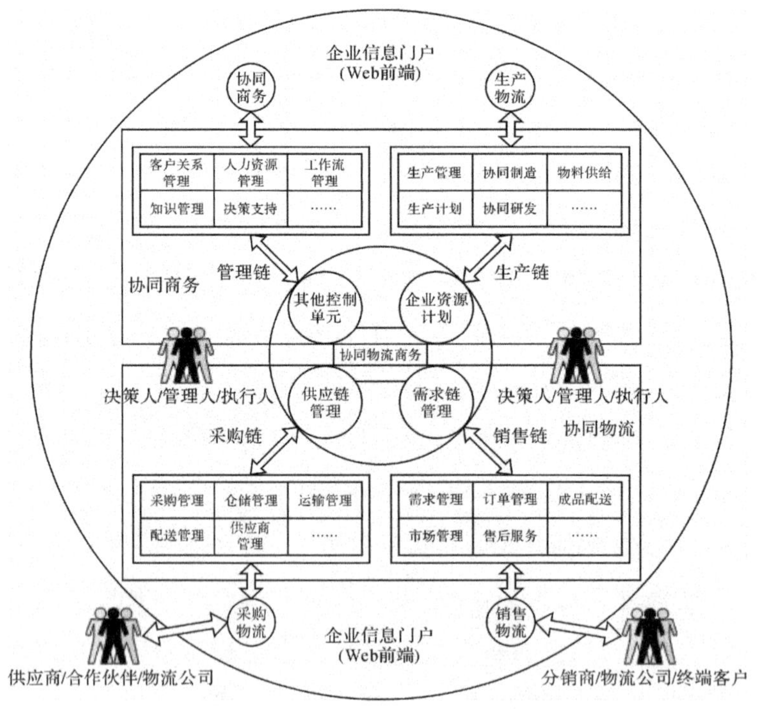

图 7-32　农业电子商务和物流一体化“贯通协同式作业链”模式

企业内的协作管理模式主要包括横向管理和纵向管理，横向管理是指处在同一层次的各个主体之间可以进行相互沟通和合作。例如，同处于管理层的采购主管和财务主管不需要通过上级经理批准便可直接进行沟通。纵向管理是指各个主体都受控于管理自己的上级部门，它们只对它们的直属上级负责。而在协同商务环境下物流信息系统整体采用企业信息网状管理图，在同一系统中，各信息点之间的关系采用网状结构，即若找到某一个信息点，则与这个信息点相关联的所有信息都会被找到。例如，若查询到某一批货物的信息，那么与这批货物有关的产品的基本信息（供应商、数量、成本、费用）、产品现时状态信息、产品库存信息、产品结算信息（货物的有关资料能自动输入结算管理模块进行结算）等，都可以在统一、即时协同的环境中被查询到。

7.4.1 工作流操作单元的角色定义及其协同作业模型

在“贯通协同式作业链”机制中，使用 Agent 的理论来解决工作流操作单元的角色定义及其协作交互模型的建模问题。

1）工作流操作单元的角色定义

基于角色的多 Agent 协作交互模型，我们将不同角色的能力、知识、任务和要求等内容赋予相应的 Agent，使各 Agent 承担起所要求角色的任务。

定义 1：成员集合由用户集合 U 和角色集合 R 组成。

$U=\{u_1,u_2,\cdots,u_m\}$是所有用户的集合，用户本质上就是具有某一角色所对应的访问权限。参与协作的每一个节点上都存在一个或多个用户，根据用户间的差异，分别赋予某种或某几种角色。

$R=\{r_1,r_2,\cdots,r_n\}$是一组对执行者资格或能力产生约束和要求的集合。例如，Manager $m1=\{\text{decision } K,\ \text{evaluate}\}$定义了一个称为

*Manager m*1 的角色，这个角色具有对项目 *K* 的决策和评估两种权限，同时模型还支持通过角色继承机制来定义角色。

一个典型的执行者 Agent 角色的定义如下：

```
<Role-Model>::=“ROLE”<ID> [<Description>]
<Coals> <Qualification> <Relationships>
<Obligations> <Concurrency-Constraints> <Permissions>
<Protocols> <Priorities> <Methods>
“END-ROLE”
```

其中，ID 是区别角色的唯一标志符；Description 提供对该 Agent 角色在工作流过程模型中权利和义务的概要描述；Coals 是担当该角色需要负责的一个或多个目标；Qualifications 限定了实现目标所必须具有的技能和一个或多个必要预备条件；Relationships 是工作流过程模型中该角色和其他角色之间的多个关系，比如，角色继承、角色转移和角色冲突检测等；Obligations 是一组职责，每个 Obligation 均规定了一个必须的特定行为；Concurrency-Constrains 提供了一组关于并发轮转控制的机制；Permissions 是一组许可令或禁令，一个 Permission 表明一个执行在某一物体上的特定操作是允许发生的，而一个 Prohibition 则意味着某一物体上的某一操作是不允许发生的；Protocols 是一组用以控制 Agent 之间通信的规则；Priorities 是一组优先权，每一 Priority 用于限定 Agent 在调用角色库时使用角色的优先顺序，如一个执行者 Agent 在工作流中可能具有多个角色，但其角色有主次之分，在分配资源时优先考虑主要角色。

定义 2:角色的继承机制。$\forall r_1, r_2 \in R$, if $r_1 \underset{\rightarrow}{\triangleright} r_2$,则称 r_2 继承 r_1,显然角色继承对模型而言具有更好的可扩展性,而且可以直接利用角色继承来定义新的角色,不会造成资源的重叠和浪费,也便于更好的管理。

定义 3:角色的知识添加原理。光有角色继承还是不够的,当组织中有新的成员加入或者有新的知识被采用,那么需要在原有的数据库中添加新的知识,并且保存到该角色中去。$\forall r > k_0, r \leftarrow k_0 + k_i$,原有知识的保留和新知识的插入操作在引入指针工具后将变得相对容易。

定义 4:同层不跨越机制。$\forall r_1, r_2 \in \mathrm{R}$, if $r_1 \rightharpoondown r_2 \cap r_1 \mapsto r_2$,各个角色必须符合一定的操作规范,下级必须向他的直属上级汇报情况,而不能横向跨越直属上级直接和同层其他部门主体联系。$p = \{p_1, p_2, \cdots, p_n\}$是对应每个角色的访问权限集合。

2)协作交互模型

本书用四个域描述来刻画多 Agent 系统的协作环境。①目标域:描述系统需要达到的目标和面临的任务;②角色域:描述一组角色及其角色模式;③知识域:描述 Agent 的知识、功能和结构,新加入组织的 Agent 只有被分配到角色后,才会被赋予相应的知识而后才能去执行任务;④Agent 域:描述整个协作管理模型中执行任务的 Agent。

此外,各个域之间的映射关系也需要考虑:①从目标域到角色域的映射,该映射是一个单向映射关系,把目标域中的目标、任务和角色域中的角色模式、角色对应起来;②从角色域到 Agent 域的映射,该映射是一个双向映射关系,首先需要连接角色与对应的资源,其次需要绑定 Agent 与对应角色;③从知识域到角色域及 Agent 域的映射都为单向映射关系,Agent 从知识源处所获取的知识是根据 Agent 与角色绑定所确定的权限来获得的。

在分析各域之间的相互关系后我们可以发现，角色最能刻画协作关系，这是因为角色作为一种协作行为的抽象描述，能够简单有效地反映相互协作关系，同时角色间可以进行继承、结合和拓展，能多角度多方面地反映一个协作过程。再者，由于企业目标是多变的，进而由目标所产生的任务、活动及操作资源对象也相应是多变的。比较而言，角色与角色之间的协作关系是稳定且长期存在的。例如，经理和财务主管之间的关系，财务主管受控于经理，他们之间的关系不会随着担任此角色的主体的变化而发生改变，因此利用角色的这种特性构造的协作管理模型就具备了较好的稳定性和有效性。角色及其相互关系是建立在一种抽象协作关系的基础上的，可以不依赖于具体的模型而存在，所以具有很好的重用性。

(1)逻辑表结构。本模型基于以下三张表作为基础来研究它们之间的结构和相互关系：Agent 主体表、角色表和交互表，其中交互表衔接主体表和角色表。

①Agent 主体表。根据对工作流操作单元的分析，我们将操作单元分为三类主体：决策 Agent、管理 Agent、执行 Agent。这样的分类是基于层次型的原则，也是为了符合角色分配的一致性考虑。层次特性的多 Agent 系统反映了 Agent 间的层次结构，各 Agent 控制其下层 Agent 的行为，同时又受控于其直属上层的各 Agent。层次结构的多 Agent 系统能很好地满足通信的实时性。

②角色表。角色表如表 7-7 所示。角色同主体一样，也抽象为三类：决策人、管理人和执行人。这三个角色本身具有层次性：决策人的权力要高于管理人，管理人的权力要高于执行人，三个角色代表了企业中不同 Agent 的权限。表 7-7 中具体说明了三个角色的特征(部

门)、功能及知识和经验要求。

表 7-7 角色表

属性 角色	特征(部门)	功能	知识和经验要求
决策人	上层	高层管理与决策	高
管理人	中层	企业基层管理	中等
执行人	下层	业务操作处理	一般

③交互表。交互表是主体表与角色表衔接的关键所在,各个 Agent 只有找到符合自己特征的角色才能被赋予相应的权限和有效地执行其能力范围内的任务。本书中将知识以框架的形式表示,主要是为了便于描述问题、存储和调用,以及为了符合 Agent 的运作方式。特此约定,在二维数组 M 中,只有当主体和角色相对应,值为 Y,否则为 N。交互表如表 7-8 所示,具体的操作为采用指针来实现知识的动态匹配,指针在数组里具有操作方便、快捷、准确等特点,很有针对性。

表 7-8 交互表

主体 角色	决策 Agent	管理 Agent	操作 Agent
决策人(总经理)	$a[00]=\mathrm{Y}$	$a[01]=\mathrm{N}$	$a[02]=\mathrm{N}$
管理人(各部门主管)	$a[10]=\mathrm{N}$	$a[11]=\mathrm{Y}$	$a[12]=\mathrm{N}$
执行人(一线员工)	$a[20]=\mathrm{N}$	$a[21]=\mathrm{N}$	$a[22]=\mathrm{Y}$

(2)协作交互模型的建立。对具体某一 Agent,当他进入企业时没有被分配到角色,他拥有原始知识 k_0。进入企业后他要完成三项操作。第一,角色赋给,给定了相应的角色,他就得到了相应的特权。第

二，功能赋给，功能和角色是相对应的。功能描述的是 Agent 具体的职责和管辖的范围。比如，经理这个角色，就具备决策层的基本功能。在这两个基础上，进行第三项的知识赋给，知识是从数据源中抽取出来的。角色间协作交互模如图 7-33 所示。

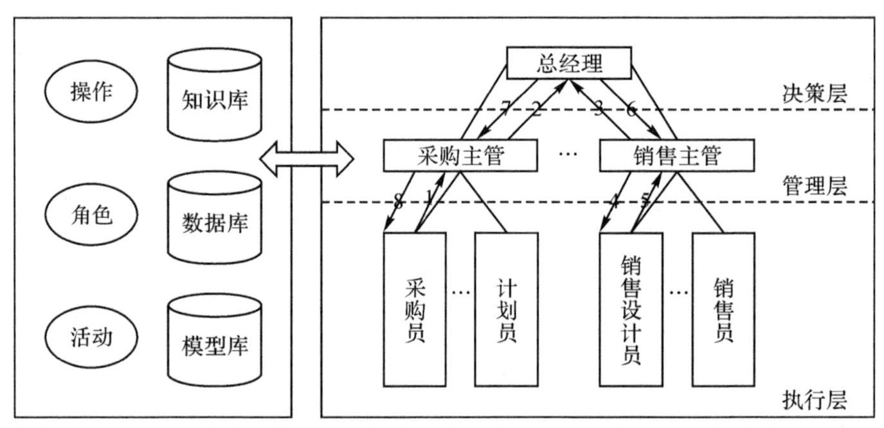

图 7-33　角色间协作交互模型

整个流程如下：第一，Agent 要被定义，定义的规则根据知识库预定好的结构来套用；第二，要根据之前介绍的三张表之间的关系来寻找对应的角色，角色对应了功能和权限，一旦角色分配成功，这个 Agent 就可以在组织中运行和执行组织分配的任务。没有完成以上操作，这个 Agent 就不具备一个合格的企业员工资格。

(3)协作过程。逻辑表结构和协作交互模型的建立，实现了将一个企业外的 Agent 转变为一个组织内的 Agent。下面要讨论如何分解和分配组织内的任务，协调多 Agent 之间的相互合作，应用和存储数据库中的知识和模型库中的模型，如图 7-33 所示。

图 7-33 中显示的八个步骤只是一个具体的协作案例。企业中的

同处于执行层的采购员与销售设计员要协商和沟通是受限制的，因为同层之间的横向交往不是我们考虑的重点，所以整个流程就是一棵树形的，首先由采购员与他的上级采购主管联系，采购主管再与经理联系，经理把采购中遇到的问题与销售主管交流，销售主管再与销售设计员定夺方案，最后把整个过程的一至四步逆向行走一遍，把销售设计员的意见反馈给采购员。而在这协作过程中，采购员不得和销售设计员沟通，采购主管不得和销售主管沟通，否则都是违背定义4的同层不跨越机制。

协作交互模型的具体协作过程包含以下几个阶段：

①需求分析，产生目标。一个企业的运行很大程度上基于其确立的目标，而生成目标先要进行需求分析，需求可能来自企业外部也可能来自组织内部。需求分析在一定程度上可以决定组织在特定时间段内的目标，当然在某些场合下需要加以辅助手段来共同决定。Agent间的协作目标主要指其要完成的工作类型及其在资源和其他条件受限的情况下达到目标。例如，Agent间的协作目标很可能因为资源的缺乏而不能实现。

②寻找协作模型。在多Agent系统中，模型主要来自模型库，模型库的一个重要功能和特点就是不断收集和添加已经被使用过的模型，它对外提供一个接口，用以被调用和升级。但是一个基本的、轮廓的模型可以用以下形式化的公式表述成一个六元组合：$M=\langle Ag,G,R,P,F,J\rangle$。式中，Ag为协调Agent，也可以理解为参与协作的系统中的具体Agent，协调Agent主要负责将角色、操作和活动之间的关系处理好，还负责协调层次型结构中的上下级关系；G为协作目标，根据需求分析所产生；R为角色，协调Agent所对应的角色，而角色所对

应的权限和功能存储在数据库和知识库中，协作过程中需要权限识别的时候可自动调用，角色之间的依赖关系也包含在内；P 为协作规划，还可以称为协作方案，它是等协作目标确定后所制订的最有效的完成目标的一系列措施；F 为合作伙伴，参与协作的伙伴也是 Agent 集合中的一员，$F \in Ag$；J 为权限，权限是由角色来决定的。权限与角色的相互关系可以从数据库中查找。

③任务分解和分配。目标确定后形成协作方案，协作方案是许多任务的集合，任务又最终被分解为一系列的活动，活动成了 Agent 协调中的最小单元。任务分配机制相对比较复杂，考虑的因素也很多，特此做如下规定：

规定 1：即时准则。

$\forall$ goal[goal $\in$ Goal $\rightarrow$ $\exists$ goal(task<=goal, Active, f_{task}> $\wedge$ task $\in$ TSK)]

对应企业中的具体目标，任务一旦分解，就即时找到与之对应的执行者，也就是说，一个分解的任务是目标与目标对应的活动集合。

规定 2：角色唯一性。每个分解任务只能分配给一个角色。

规定 3：活动唯一性。每个活动只能对应一个分解任务。

④定夺协作方案。在协作模型中我们提到了协作方案，但是寻找协作模型只是从模型库中调用了具体的一个模型或者规则，当任务进行分解和分派到每一个参与协作的 Agent 后，才能最终确定协作方案，协作方案的好坏直接影响了协作效率的高低。所以需要多次调用 Agent 的知识库，确切了解每个主体的功能和权限后才能做出合理高效的方案。

⑤目标完成。这是整个协作过程的最后一步。虽然任务分解完

成,协作方案确定,协作模型成功调用,但是最终的目标实现却不那么简单,还依赖于各个步骤的相互合作,若是其中某一个过程失败了,那么目标也就不能实现。

$G=\sum_{1}^{m}\frac{M[(A_i \wedge \text{task})\propto \text{ability}A_i]}{\text{cooper}A_i \in Ag}\cdot k_i \cup [\text{Fun}(R_i)]$,此式可以说明,目标获得成功不光取决于单个 Agent 的能力,还取决于角色合理定位的程度及多 Agent 之间的合作程度。

(4)知识库拓展。如图 7-34 所示,知识库包含公共知识库和各个 Agent 知识库。公共知识比如存储、接受命令、更新等;决策 Agent 的知识比如决策判断、制订战略计划;管理 Agent 的知识比如对企业内部实施管理和发布命令等;执行 Agent 的知识比如业务操作和底层作业。知识的提取还是用指针对堆栈进行操作。除了基本的知识技能外,知识库还可以进行拓展,主要是添加新知识。因为企业需要把有效的价值高的信息和知识留住,所以要不断添加新知识。添加原则由知识库的各个不同部分决定。例如,管理者原来不懂电脑知识,现在开始使用电脑了,那把电脑的有关知识添加到决策 Agent 的知识库中,按照堆栈的 First In First Out(先进先出)原则;再如随着现代管理理论的要求,整个企业都需要了解 CRM 管理知识,那么把相关 CRM 理论添加到公共知识库中,这样每个 Agent 都可以调用了。知识库的扩展是知识继承的提高和升华,有助于知识的保留和利用。

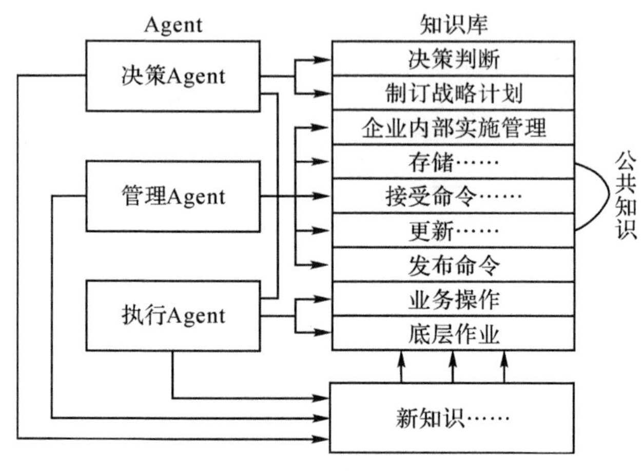

图 7-34 知识匹配的框架描述

本质上讲,工作流操作单元间的协作交互管理模型可以支持主体之间的动态协作,其核心是对主体的角色定位,对知识的调用,对模型的选择。本书提出的基于框架的方式来对知识进行表达和用数据库的形式来描述和存储知识,在一定程度上解决了知识的不稳定性和易丢失性。模型的协作过程具有紧凑性和层次性,协作模型充分运用了角色的特征,使商务与物流一体化“贯通协同式作业链”处理机制得到了完善和拓展。

7.4.2 动态配置式流程管理工具

动态配置式流程管理工具通过对工作流操作单元的定义和协同作业模型的建立,再采用多 Agent 技术,得到了基于工作流思想的商务与物流一体化“贯通协同式作业链”处理机制。该管理工具采用了数据库、分布式中间件、工作流引擎等多项技术。该工具分为数据库管理、工作流管理、Web 服务与分布式服务的服务端和客户端四个子系统。功能分别如下：

1)数据库管理部分

(1)MS SQL Server 数据库管理系统。主要功能：数据库表的创建、数据的存储、数据的操作(查询、增加、删除、修改)等。

(2)Hibernate 持久层中间件。主要功能：建立关系型数据存储模式到面向对象数据存储模式的映射，使用了 Hibernate 以后，对数据库的操作就以面向对象的方式来进行。

(3)值对象(Po)和数据存取对象(Dao)模式的应用。主要功能：辅助 Hibernate 的应用，每个值对象 Po 对应数据库中的一张表，每个数据存取对象 Dao 封装了针对该表的所有操作。

2)工作流管理部分

(1)流程定义工具。主要功能：流程定义工具在逻辑层面上设计出一条符合“贯通协同式作业链”要求的业务流程，并且以流程图的方式表现。在这里，我们不仅把流程中的各个模块抽象出来，而且指定了模块与模块之间的逻辑关系(在这里主要是模块与模块之间的流向顺序关系)，并且定义了每个模块需要执行的任务。流程定义完毕以后，最终会生成一个符合 WFMC 标准的流程定义文件。部分流程定义如图 7-35、图 7-36 所示。

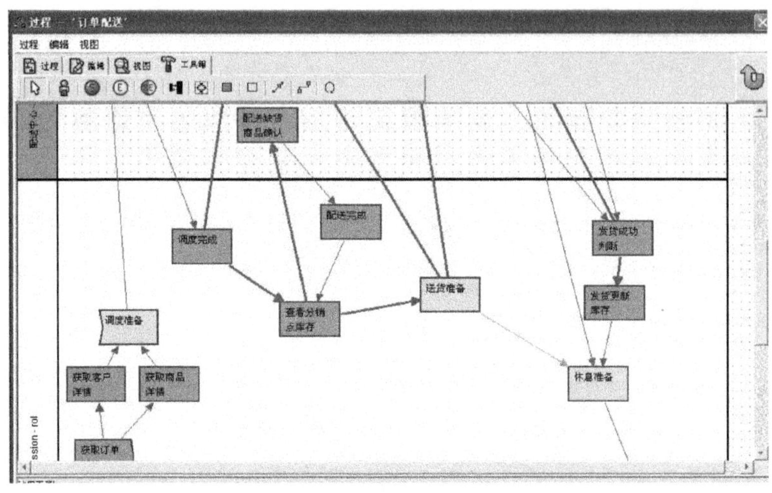

图 7-35 流程可视化定义工具

图 7-36 流程定义文件

(2)外部应用工具。主要功能:流程图中定义的应用工具的具体实现。在流程定义中我们为每个模块定义了需要执行的任务,这些任务是以调用外部工具的方式来完成的,因此,在外部应用工具层,必须开发完成这些任务的具体执行程序。由于系统的开发应用到 Java 技术,为确保兼容性,在开发这些外部工具的时候也使用 Java 语言开发了一系列 Java 应用程序,流程模块在执行的时候会自动去调用这些 Java 应用程序来完成相应的操作。

(3)工作流引擎和引擎管理工具。主要功能:工作流引擎负责对流程图流程的解析和执行;引擎管理工具负责流程的启动、终止、挂起、监控和外部工具匹配等操作。具体操作如图 7-37、图 7-38 所示。

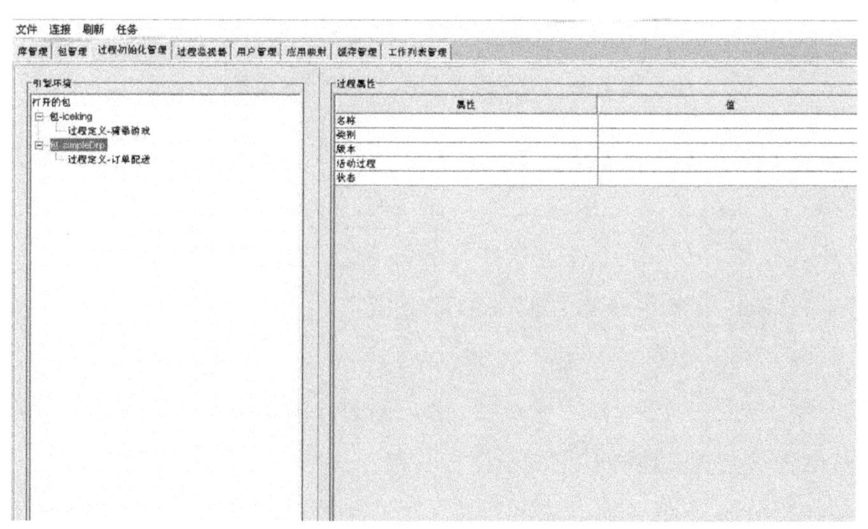

图 7-37 引擎管理工具→流程初始化界面

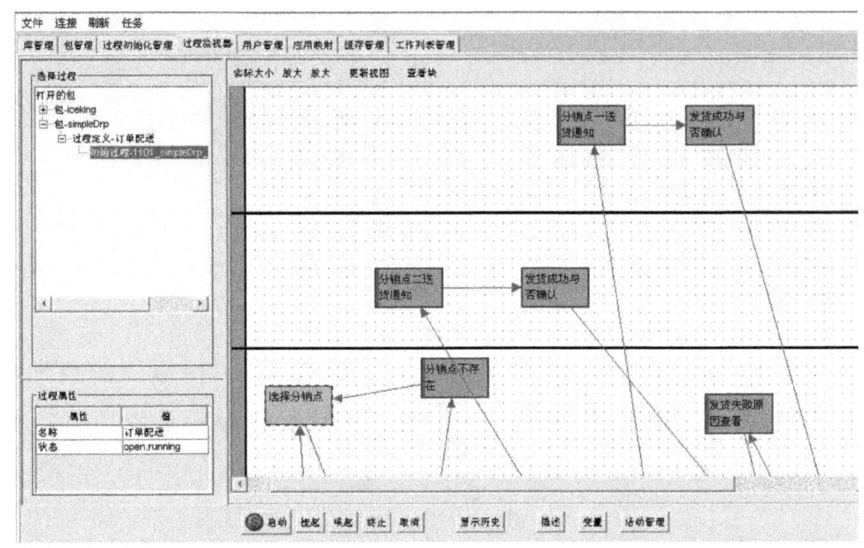

图 7-38 引擎管理工具→流程监控界面

(4)引擎接口。主要功能:它是引擎和外部程序交互的接口,主要是和分布式服务器的接口交互。在这里,定义了若干 Java 类和一系列开放操作,上层程序通过这些开放操作参与到流程执行控制中。

3)Web 服务与分布式服务的服务端

(1)Web 服务器。主要功能:本书采用 Tomcat4.1.30 作为 Web 服务器,建立一个 B/S 环境,使得用户通过 Http 协议访问本系统。另外,也为客户端程序的下载提供了平台。

(2)分布式服务器。主要功能:为了支持分布式操作,设计和开发了一套分布式体系。在这里,服务端程序部分采用了 Java RMI 接口技术。它是一个中间层,运行在后台,封装了大量底层操作,主要负责上层客户端程序与底层数据库和工作流之间的通信。图 7-39 为分布式服务器启动程序的情况。

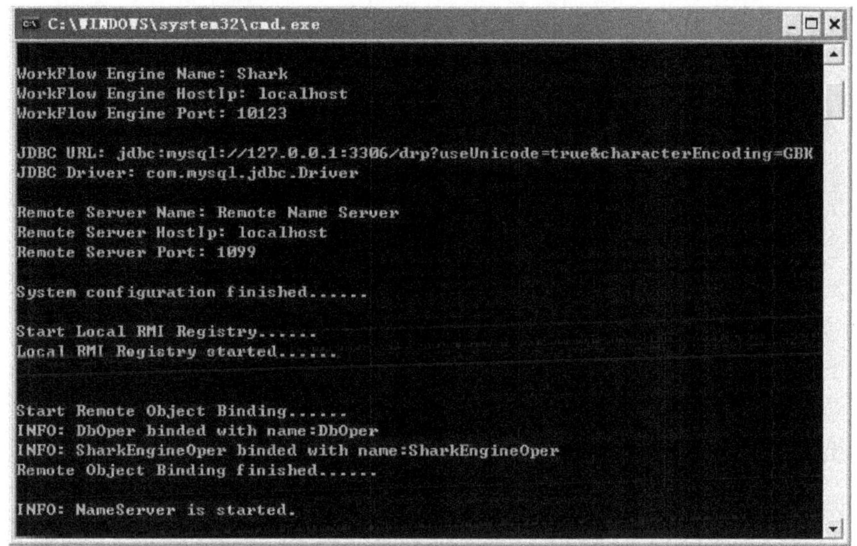

图 7-39 分布式服务器启动程序

(3)客户端数字签名工具。主要功能:客户端数字签名用于保证客户端和服务端的可信任性,因此需要用户在客户端下载数字签名工具。一旦完成数字签名,该程序被认为是合法程序,只要客户端信赖,就可以下载使用。具体如图 7-40 所示。

4)Web 服务与分布式服务的客户端

(1)浏览器/服务器(B/S)模式。主要功能:采用 JSP 技术加 STRUTS 框架,一些不涉及本地操作的流程模块,可以通过网页访问的形式参与到流程控制中。

(2)浏览器 & 客户端/服务端(B&C/S)模式。主要功能:用 Applet 作为客户端程序,这是一种在服务端开发在客户端运行的程序。用户仍然以网页的方式访问,但是在打开网页的同时,客户端程序下载到本地，然后在本地独立运行，通过远程交互接口与分布式服务端交互信息。该程序还可以执行允许范围内的任何本地操作。

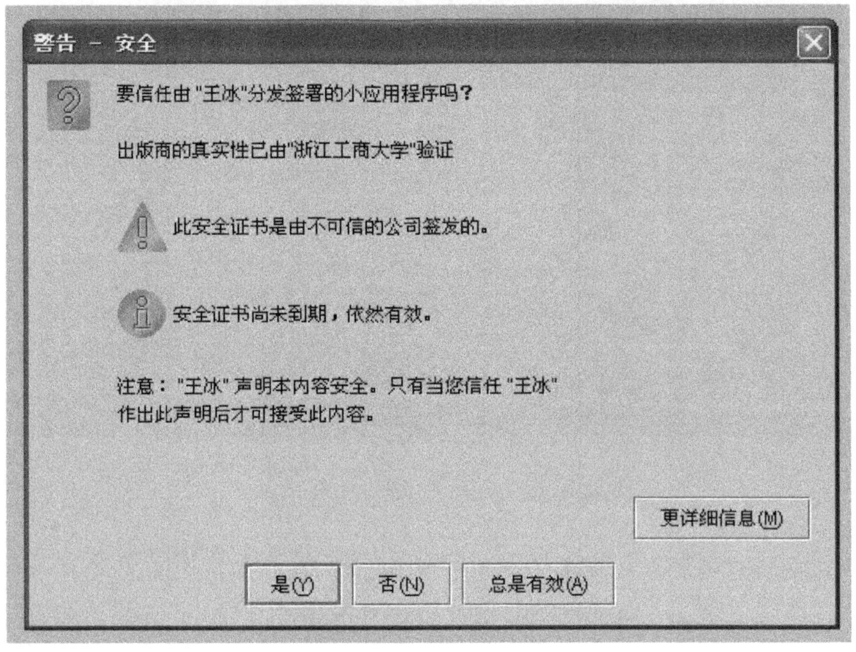

图 7-40　客户端程序数字证书界面

7.5　融合多种通信的农业电商金融服务终端安全接入技术

7.5.1 面向无线、移动、固网等多种金融服务终端的统一安全接入与控制机制

本书通过研究联通、移动、电信等的多种接入模式、多模式的接入机制，包括业务发起与响应流程、业务数据包格式及相关业务数据的

语义定义等，实现安全支付信息的有效性、真实性、机密性、完整性、不可撤销性、不可否认性及时身份的验证等，达到多种金融服务终端的统一安全接入与控制和移动支付中的安全接入与安全支付。

该系统接入安全机制采用了鉴权和密钥分配协议。该协议将身份鉴权和密钥分配过程结合起来，以免攻击者在身份鉴权过程后取代合法者参与密钥分配过程，从而达到窃听或篡改信息的目的。鉴权和密钥分配协议是通过修改和扩展2G系统的鉴权方法发展而来。与2G系统中只由网络对用户鉴权不同，鉴权和密钥分配协议提供了相互鉴权，这样通信连接双方就都能对对方的身份进行验证。具体如图7-41所示。

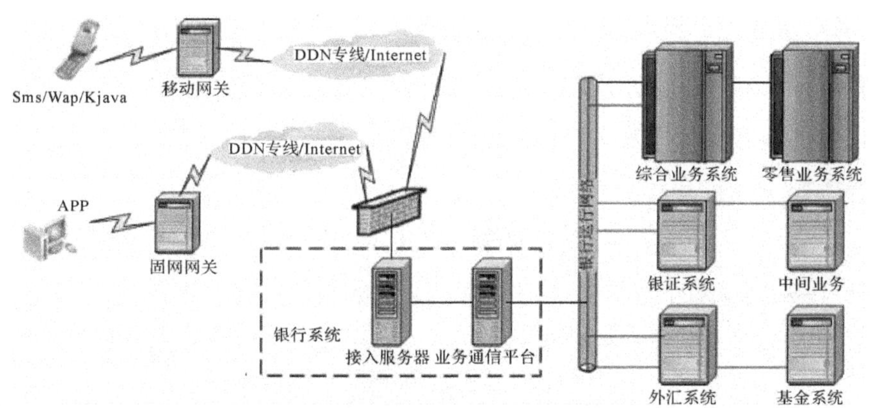

图7-41　多种移动/固网金融服务终端接入图

鉴权过程涉及三个实体：用户(MS或者USIM)、服务网络(VLR或者SGSN)和本地环境(HLR/AuC)。服务网络是用户当前实际连接的网络。访问位置寄存器(VLR)处理电路交换业务，GPRS服务支持节点(SGSN)处理包交换业务。本地环境是用户最初签约的网络，本地位置寄存器(HLR)是保存用户信息的数据库。本地位置寄存器通常与鉴权中心(AuC)放在一起,经常一起被引用(HLR/AuC)。本地位置寄存器/鉴权中心在整个鉴权过程中扮演着一个核心的角色。鉴权和密钥分配协议的鉴权过程分三个阶段:初始化、秘密信息传输和“请求—响应”过程。在初始化阶段,手机向网络提供它的身份信息(国际移动台识别码或者临时移动台识别码)。在收到手机的身份信息基础上,网络发起鉴权流程。

7.5.2 面向多种终端的动态农业金融应用需求与服务功能的自适应配置机制

本书通过研究农业金融服务终端及系统中的多种终端的医保查询、电子支付、交费、补贴查询等动态应用动态选择与服务器端的应用服务匹配机制,让服务器端根据客户需求提供合适的接入模式,调用合适的应用服务,为客户端提供安全、快速的接入与安全支付、理财等金融服务功能。

同时,本书通过研究移动安全支付系统中的客户端多模式动态选择与服务器端的动态模式匹配机制,让服务器端根据客户需求提供合适的接入模式,为客户端提供安全、快速的接入与安全支付功能。

广义地说,存在于时间和空间中可观察的事物,如果可以区别它们是否相同或相似,都可以称之为匹配识别机制;狭义地说,就是通过对具体的个别事物进行观测所得到的具有时间和空间分布的信息。动态选择与匹配则是在某些一定量度或观测基础上把待识模式划分到各自的模式类中去,如图 7-42 所示。

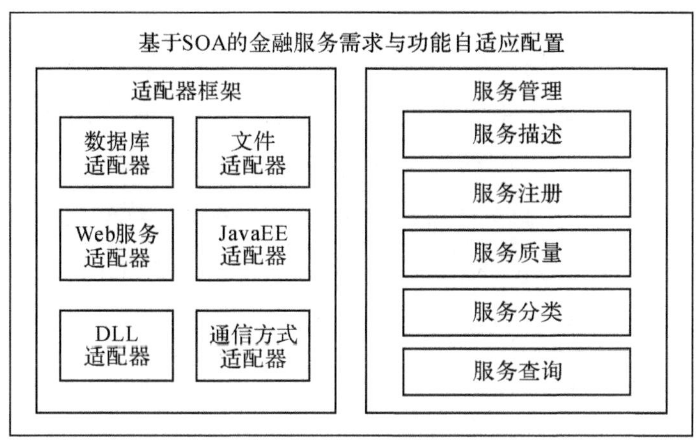

图 7-42 基于 SOA 的多种金融服务需求与功能自适应配置

动态选择及匹配机制系统的开发主要考虑两方面：一是研究生物体（包括人）是如何感知对象的；二是在给定的任务下，了解用计算机实现模式识别的理论和方法。前者是属于认知科学的范畴；后者通过数学家、信息学专家和计算机科学工作者近几十年来的努力，已经取得了系统的研究成果。一个模式识别系统主要由四个相互关联而又有明显区别的过程组成，即数据获取、预处理、特征提取和选择、分类决策。

7.5.3 农业金融复杂环境下的统一网关接口与 C-S 双重安全认证技术

本书研究银行综合前置应用系统主机的硬件加密模块采用文验证及个人识别码（PIN）的在线实时加密、客户端密钥管理、标准 VISA 卡的身份识别、PVV（口令校验码）和 CVV（卡片校验码）等技术，实现农业金融复杂环境下多模式的客户端与服务器端的双重安全身份认证。

(1)机构认证/柜员认证。银行的机构认证和柜员签到/签退过程可以采用与银行账户系统类似的方案实现——通过在终端服务器中插入加密卡,和后台的 HSM 配合进行相互认证和访问控制。

在柜员签到时,将从 HSM 得到本次登录向主机发起交易所应用的各种工作密钥,如 TPK,TAK 等。工作密钥用于对本柜员执行的各种业务交易与主机进行数据通信时的加解密及 MAC 计算。

柜员的身份认证可以采用密码和指纹两种方式验证。在目前,密码仍然作为最常规的柜员身份认证措施。在综合考虑成本及效益的前提下,可考虑引入指纹作为新的身份认证手段。

(2)网上银行客户认证。企业的网上银行应用,必须建立在一个安全可信的网络之上。目前,解决这些安全问题的最佳方案当数应用 PKI/CA 数字认证。PKI(Public Key Infrastructure,公钥基础设施)是利用公开密钥理论和技术建立起来的提供在线身份认证的安全体系,它从技术上解决了网上身份认证、信息完整性和抗抵赖等安全问题,为网络应用提供了可靠的安全保障。而 CA(Certification Authority,认证中心)作为 PKI/CA 体系中关键的一环和可信的第三方机构,将向用户提供完整的 PKI/CA 数字认证服务。

目前,各厂家提供的网上银行安全认证方案的实现机制大致相同,一般均基于 PKI 技术,易于实施。通过为参与网上银行应用的各方发放数字证书对其进行身份标识,并且在网上银行应用执行过程中通过使用数字证书对各方进行身份验证和签名验证,最终满足网上银行的安全需求,有效防止网上银行的各种安全隐患。

此外,有的产品还能够实现访问控制功能,保证网上银行内部人员和用户在网上银行应用中拥有不同的权限,控制其所浏览的信息,防止网上银行内部人员窃取用户敏感信息;能够实现文件加密保存功能,保证存放在网上银行内部计算机上的文件他人无法打开,并支持交叉认证,可以与MS Exchange,Lotus Notes等办公自动化软件无缝集成等。在企业端,可以采用IC卡或者USB-KEY保存客户的证书信息。

第8章　农业电子商务实际应用

8.1　农业电子商务生产环节

2011年底，浙江公众信息产业有限公司和杭州美人紫农业开发有限公司合作，在杭州美人紫农业开发有限公司开展了智能农业大棚的建设。

杭州美人紫农业开发有限公司用于智能农业大棚建设的一号大棚长64m，宽40m，总面积4亩，为钢架结构的八连体农业大棚，二层覆膜设计，具体如图8-1所示。

图8-1　大棚内部实景图

在智能大棚内，主要实现了大棚内部环境实时检测和远程控制两部分应用功能。

大棚内部环境实时检测部分主要体现在大棚内部部署了空气温湿度传感器二组、光照传感器二组、土壤水分传感器三组，实现了对大棚内部基本环境数据的实时监测和查看。具体如图 8-2 所示。

图 8-2　智能大棚数据监测采集设备图

在远程控制部分：一是对大棚原来的手工卷帘通风装置进行改造，实现了现场手动电机卷帘控制和远程电机卷帘控制功能，从而大大方便了卷帘通风的实际操作；二是对大棚内部的滴灌控制装置进行改造，增加了远程进行大棚作物滴灌控制的功能。

融合物联感知与移动监控的精细农业公共服务系统在杭州美人紫农业开发有限公司、杭州市淳安县枫树岭镇下姜村、嘉兴百玫生态农庄等众多单位获得成功。其中，下姜村“智慧农业葡萄园”项目的成果(图 8-3)受到时任浙江省委书记、省人大常委会主任赵洪祝(图 8-4),浙江省委常委、杭州市委书记黄坤明等的一致与好评。

图 8-3 下姜村葡萄园智能大棚园

图 8-4 浙江卫视新闻:赵书记考察“智慧农业葡萄园”

2012 年 12 月 4 日，浙江省委常委、杭州市委书记黄坤明携市委组织部、发改委、农办等部门负责同志到淳安枫树岭镇下姜村调研。调研期间，黄书记一行实地察看了智慧农业项目中建设的"智慧下姜"便民服务平台。在听取了该公司金晶总经理的介绍和观看了演示后，黄书记高度评价本项目是为老百姓办实事，为"美丽乡村"的建设增添了"智慧"因素。

8.2　农业电子商务销售支付环节

"融合多种通信方式的多种农业金融服务终端"（图 8-5、图 8-6）于 2012 年底研发完成后，在中国农业银行浙江省分行（图 8-7）、浙商银行进行试用，效果良好。

图 8-5　现代农村新型金融服务终端

图 8-6 农产品电子商务销售系统

图 8-7 中国农业银行浙江省分行(右侧为新型农业金融服务终端)

"融合多种通信方式的多种农业金融服务终端"是创新"三农"金融服务的一项重要措施，以益农卡（存折）为载体，以固网支付终端、多媒体自助服务终端、移动金融服务终端、网上银行、短信通等融合有线/无线多种电子支付产品为渠道，打造新型农业金融服务模式，使广大农民"人不出村、足不出户"就能完成大多数金融交易，享受现代化的金融服务，这些有力地促进了农业电子商务的发展，为农业现代化提供了可靠的支撑。

8.3　农业电子商务流通仓储环节

农业电子商务关键技术在流通仓储环节被浙江绿健科技有限公司成功应用。浙江绿健科技有限公司认为，该技术在当前食品安全问题频发的背景下，能够满足公众对食品安全信息的诉求，并且在整合服务链的实际运作过程，能够产生一定的经济效益与社会效益。从技术水平上看，该系统较好地实现了数据的采集、传递及分析，运用主流的开发技术，保障系统的稳定运行。系统目前适用于各类农产品的追踪服务，在实际推广之后，可以将其运作模式应用到其他行业，后续应用价值较高。

同时，农业电子商务流通环节中的关键技术还在金龙浦生鲜蔬果产业链全程智能化系统、绿禾农产品电子商务网站（www.lvhe-cn.com）被成功应用，实现了全过程的从田间到餐桌的农业电子商务。

例如，宁海县金龙浦农业开发有限公司成立于 2007 年 12 月，由宁海县金龙浦农业专业合作社控股，是一家专业从事蔬菜、水果、坚果、谷物、园艺作物及其他作物的种植，畜禽、水产养殖，农业生产技术研究及推广服务，以及农业生态旅游开发的农业综合开发公司。主导产品包括蔬果直销配送、蔬果大宗批发和蔬果储藏保鲜三大系列。通过农业电子商务相关技术的实施，该公司充分实现生鲜蔬果产业链全程智能化运营的新商业模式，即"蔬果生产、加工、营销、配送、客服、追溯等全程可视化追踪；生产参数控制、监测、采集和分析；产品网络营销、保鲜物流配送、质量安全全程追溯；生产资料集中调配，进出库智能管理，综合办公高效便捷"（图 8-8）。智能化运营规模达到40 000 吨生鲜蔬果产加销体系，智能化系统覆盖范围包括生产设施 163 400 m^2、加工车间 14 563 m^2、保鲜库超过 13 000 m^2、物流园区 10 000 m^2、办公区 2 640 m^2、移动终端、冷藏车和专业菜箱等。

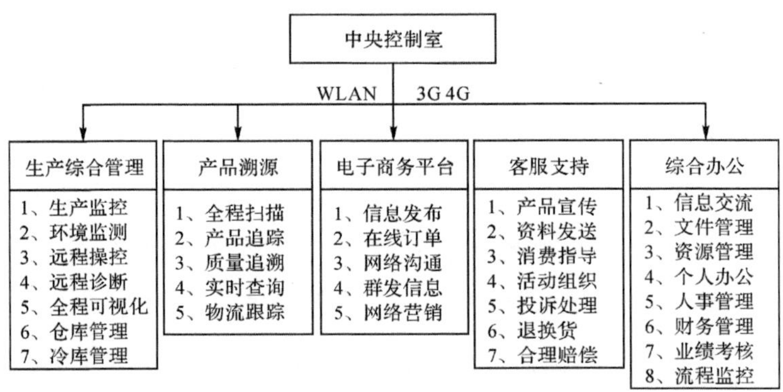

图 8-8　宁海县金龙浦农业开发有限公司的电商框架面

绿禾农产品电子商务网站如图 8-9 所示。

图 8-9　绿禾农产品电子商务网站界面

第 9 章　“新农人”的美好明天

9.1　农业电子商务平台主要创新点

本书的研究内容和成果主要属于计算机科学与技术中的网络应用领域，同时也具有计算机科学与管理科学两大学科交叉融合的特征。本书首先从管理学角度分析了现代农业电子商务管理中存在的问题，提出了流程优化与知识管理相结合的基于信息技术的创新农业电子商务管理思想；其次从前沿的技术角度，分析了当前分布式协同计算、自治计算、智能计算及高可靠安全技术与应用中存在的问题，提出了农业电子商务技术框架；在此基础上研究了商务与物流一体化“贯通协同式作业链”处理机制。本书的研究成果不仅在理论上具有创新性，并且解决了开展农业电子商务遇到的难题，应用价值巨大。在本书的研究中实现了以下六个方面的技术创新：

(1)提出了基于工作流管理思想的农业电子商务与物流一体化“贯通协同式作业链”处理机制，抽象出贯通农业电子商务与物流全过程的工作流操作单元，实施对工作流操作单元的状态描述和行为描述，构建操作单元间协同作业模型与交互通道，设计出将图像描述与质量控制表组合的全过程农产品质量控制/跟踪体系，开发支持农业电子商务与物流作业链集成和优化的动态配置式流程管理工具。

(2)针对精细农业生产的监控，提出了一个模型辅助的具有数据融合功能的传感器网络低耗数据收集算法，充分利用农作物生长数据的时空相关性能有效减少网络数据的传输量，降低传感器网络中的能耗，延长 WSN 的生命周期。算法充分考虑了农作物生长数据的时间相关性、空间相关性及时空相关性，并分别提出了农作物生长数据时间域变化模型及其基于该模型的数据收集方法、农作物生长数据空间域变化模型及其基于该模型的数据收集方法和基于农作物生长数据时空相关性的数据收集方法。

(3)针对农业电子商务支付中金融复杂环境的多种通信融合和大容量应用的要求，研究提出了农业电商金融复杂服务环境下的机构安全认证/客户端认证技术，实现了农业电商金融服务复杂环境下农村多媒体自助终端、移动/固网支付终端等的机构安全认证/客户端认证和安全接入。

(4)基于数据库集成技术，结合农产品全过程中数据信息和网络结构特点，设计了一种面向农产品领域分析的多源信息融合与迁移的树形数据库技术，其能够对不同流通环节中农产品的安全信息进行有效的数据获取、整合和迁移，建设了包括五大数据库的农产品物联网溯源数据中心，为分析及应用提供了优质全面的结构化数据。

(5)提出了面向农业电子商务的需求与模式，将多种电子交互方式、多种账户、多种支付渠道、多种终端通过可配置技术融为一体，构建了面向农业电子商务支付技术架构，解决了农业电子支付与金融服务的安全信用、隐私保护、多元支付、统一接入、渠道整合和开放兼容等难题，为农户(专业农户、家庭农场、农民合作社、农业企业)、农产品消费者、流通企业等提供有效的农业金融支付终端和多功能型金融服务终端。

(6)针对农业的生产、流通、销售等不同情境下的不同领域，提出了基于情境复合域的全生命周期跨域挖掘模型。本书对如何实现基于情境复合域的全生命周期农产品跨域挖掘进行了深入研究，运用频繁模式、关联规则等挖掘算法，采用相似性、相关性等方法，提出了基于全生命周期关系序列的序列关系模型。以单个域为挖掘起始，研究了能生成跨域挖掘的模型，在此基础上形成了基于情境复合域的全生命周期农产品跨域挖掘模型。特别是在设计基于情境约束的跨域数据预测算法时，考虑情境的约束条件，构建了多目标优化的分类预测方法。为有效地发现和追踪跨域海量动态数据流的异常，采用自适应二维码为基础的情境域标识方法，设置安全阈值，实现异常检测及追溯。

9.2 农业电子商务平台的社会效应

9.2.1 经济效益

"农业电子商务支撑体系关键技术"中各个应用模块在电子商务企业、零售业(大中型零售企业、连锁超市企业)、第三方信息服务业和其他一些领域的具体应用获得了良好的经济效益，典型的用户有浙江绿健科技有限公司、杭州美人紫农业开发有限公司、中国农业银行浙江省分行、杭州市淳安枫树岭镇下姜村等。典型应用及经济效益情况如下：

农业电子商务支撑体系关键技术中的农业金融支付终端及系统

通过浙江金大科技有限公司实现了应用与产业化，并销售到中国农业银行浙江省分行、浙商银行、浙江农村信用合作联社等单位，累计为公司带来直接经济效益 6 亿多元，利润 1.3 亿多元，间接经济效益 1 000 多万元，具体如表 9-1 所示。

表 9-1　农业金融支付终端及系统的效果

年　份	新增销售(万元)	新增利润(万元)	新增税收(万元)	节支总额(万元)
2012	20 616.90	4 527.05	1 723.09	0
2013	17 566.72	4 757.98	2 036.36	0
2014	22 061.12	4 126.91	1 541.21	0
累　计	60 244.74	13 411.94	5 300.66	0

农业电子商务支撑体系关键技术中的精细农业生产监控、农业电子商务服务平台等技术通过浙江省公众信息产业有限公司实现了应用和产业化，并在杭州美人紫农业开发有限公司、杭州市淳安枫树岭镇下姜村、浙江绿健科技有限公司等被成功应用，累计为公司带来直接经济效益 6 000 多万元，利润 600 多万元，间接经济效益 1 000 多万元，具体如表 9-2 所示。

表 9-2　精细农业生产监控、农业电子商务服务平台等技术的效果

年　份	新增销售(万元)	新增利润(万元)	新增税收(万元)	节支总额(万元)
2012	4 023.4	469.4	227.5	0
2013	9 325	133.1	52.7	0
2014	1 225.8	50.6	41.5	0
累　计	6 181.7	653.1	321.7	0

9.2.2 社会效益

纵观世界农业的发展历史，农业产业链最早产生于19世纪50年代的美国，之后迅速传入西欧、日本、加拿大等发达国家，充分显示了农业产业链给农业乃至整个国民经济带来的积极作用。智慧农业项目实施有助于解决土壤盐碱化等问题。同时，帮助农户提高农业生产水平，缓解环境压力等。

近年来，随着物联网的应用而源源不断产出的技术成果，为农业的全产业链升级提供了必要的技术手段，将不断提升我国农业的竞争力。根据"十三五"的规划，各级政府正加大对智慧农业的建设力度。政府部门农业电子商务项目的实施具有如下社会效益：

1)从农业发展的角度来看，有利于推进智慧农业

本书通过技术攻关和科技投入，在确保农产品质量的前提下，提高产量，降低种植成本，从而能够提高农民收入，促进绿色和生态农业的稳定发展，促进农村社会的安定，促进新型农业社会化服务体系和现代农业产业技术体系的建设。

2)农产品安全溯源监控，促进安全放心消费

随着健康观念的加深，消费者对农产品质量的要求越来越高。我们在建设农产品安全追溯监控平台及农产品安全预警与应急处理系统时使用二维条码、RFID电子标签等技术建立生产和流通档案，并在仓储、销售等环节通过读取设备获取农产品产地和生产过程等相关信息，实现对农产品的溯源追踪，这样能够有效提高加工环节质量安全可追溯系统数据采集与传输的准确性，进而提高质量安全可追溯系统求解的精度。我们借助物联网技术来实现农产品可溯源，通过农产品产生安全问题的预警与应急处理，以实现农产品的安全溯源。

3)建设农产品安全监管体系,解决农产品溯源的关键技术问题

农产品精细生产与质量安全监管体系从国际上来看,已经逐渐向生产过程关键控制点在线监测方向发展。针对农产品生产全过程通过传感器实现影响农产品质量危险关键点控制实时采集,并通过智能终端对感知数据进行远程实时报送,实现农产品和食品质量安全信息在不同供应链主体间的无缝衔接。全过程农业精细生产与溯源监控综合服务平台与网络的研发为传感器及物联网技术与产业发展奠定了基础,解决了大规模、低成本的信息获取与传输问题,使物联网技术在食品安全领域内的应用成为可能,推动了我国食品安全体系的建立,对于社会稳定、改善民生具有重要意义。

4)有利于促进新型农业社会化服务体系和现代农业产业技术体系的建设

通过技术攻关和科技投入,在确保农产品质量的前提下,提高了产量,降低了种植成本,从而提高了农民收入,促进了绿色和生态农业的稳定发展,促进了农村社会的安定。

5)有利于打造农业产业链的生产、流通、销售全过程的电子商务

成果中基于工作流思想的农业电子商务与物流一体化“贯通协同式作业链”处理机制通过对工作流操作单元的定义和协同作业模型的建立,对企业间的信息流、资金流和物流进行了有效的整合,实现了公共信息的高度共享与快速流动,提高了资金周转率,降低了经营成本,提升了管理效率。

6)有利于提升农业电子商务智能化水平,提升竞争力

成果中基于分布式数据挖掘的企业协同商务与经营决策系统的应用,有效满足了农业企业对分布式海量数据进行深层次挖掘和辅助

经营决策的需求，大大提高了我国农业电子商务领域企业的核心竞争力，同时为我国农业电子商务企业实现跨国经营提供了信息化的支撑和经营平台。

7)加快物联网与电子商务的产业升级，发展支柱产业

农业电子商务支撑体系关键技术的攻关能促进自有知识产权的技术获取，提升农业电子商务领域行业的整体技术水平，同时共性的关键技术成果对其他行业的技术水平提高也有促进作用。

9.3 农业电子商务平台的发展情景

本书在对电子商务平台技术、安全支付技术、物流配送技术、商务和物流信息挖掘与分析决策技术这四项支撑技术方面的研究过程中，解决了电子商务对等交换与主从交换集成、商务与物流一体化“贯通协同式作业链”处理机制、动态商务数据流的管理模型和分布数据挖掘模型、物流优化算法模型、复杂环境的物流信息采集/物流管理/物流跟踪/物流信息可视化的集成、复杂环境下银行安全支付技术体系等关键技术问题，研发了具有自主知识产权的电子商务平台核心软件，提出并建立了电子商务数据管理模型和数据交换规范与标准，实施了电子商务关键技术的规模化应用。

智慧农业项目的实施不论是在社会效益还是经济效益上，都具有重要的现实意义和社会意义，各系统也有着广泛的应用前景。主要表现在：

1)农产品安全问题频发,迫切需要提升智慧农业的精细化生产水平

近 50 年来,中国农业走过了一条高投入、高产出、高速度和高资源环境代价的道路。目前,我国农业和以生产效率高、经济效益好、技术密集与可持续发展等为主要标志的现代农业相比,存在较大的差距。整个农业产业链的现状是“两高两低”,即产量高、消耗高、效率低、品质低。生产资料生产环节的可持续发展能力弱。

随着传统农业生产的继续,农业施肥、农业灌溉等传统生产手段依然占据国内农业生产方式的大部分,农药的滥用、土地灌溉的不科学等造成土壤盐碱化,使土壤环境变化,给环境带来危害;同时,我国土地虽然总面积大,但人口数量大,人均土地占有量小。1998—2007 年,我国人均占有土地面积只占世界人均数的 29%,人均耕地面积更少,仅 1.5 亩,相当于世界人均水平的 43%;同时,我国有 666 个县低于联合国粮农组织确定的人均耕地 0.8 亩的警戒线。因此,如何实现合理施肥、合理用药、合理灌溉的精细农业对生态系统退化防治、生态环境保护和未来食物安全具有非常重要的实践意义。

2)农村金融服务终端及系统的市场需求巨大

农村金融服务面宽线长,具有“成本高、风险大、收益低”等特性,在商业利益驱动下,抛弃农村,重点经营城市,成为各大商业银行近年来的一致举动,由此造成农村地区金融生态受到破坏,机构网点和从业人员急剧减少,农民贷款难、存款难、汇款难、结算难、医保报销难和农村补贴有效支付难等成为当前破解服务“三农”问题的“瓶颈”。

同时,面对“十三五”的开局之年和“三农”工作需要这一背景,特别是在国家金融政策倾斜下,县域农村经济日益显示出较强的发展活

力和潜力，城乡一体化进程中蕴藏着巨大的金融需求。因此，如何为农村提供满足不同农户、微型和小型企业主等多层次、多元化的农村金融服务需求，如何提供满足农业电子商务的各类农业金融服务终端系统，以及如何有效规避农村金融服务的风险大、收益低等成为当前研究的热点问题。

目前，欧美发达国家的农村，大部分结算业务都是通过电子渠道完成的，农民坐在家里就能完成所有金融交易，农民对银行网点、柜台人员的需求并不大，这点我国银行完全可以借鉴。因此，如何以益农卡(存折)为载体，以固网支付终端、多媒体自助服务终端、移动金融服务终端、网上银行、短信通等融合有线/无线多种电子支付产品为渠道，以流动客户经理组＋社会协作为推手，在农村地区打造现代新型金融服务渠道成为当前解决该问题的有效方法之一。我国可以借助电子产品的普及，使广大农村金融服务环境达到现代发达国家农村的水平，使广大农民“人不出村、足不出户”就能完成大多数金融交易，享受现代的金融服务，解决服务“三农”机构覆盖面不广、人员不足的问题。农村金融服务也成为社会关注的热点问题，于云计算模式的农村金融服务终端及系统市场前景看好。

预计未来 5 年，我国的农村金融服务终端市场仍将保持每年 15％的递增速度，可见面向农业电子商务的农村金融服务终端及系统拥有巨大的市场需求。

3)农产品的安全溯源成为社会关注的热点问题

目前，我国的食品安全事故频繁发生，现状不容乐观。我国农产品的生产还没有有效的全程管理与追溯系统，因而不能快速准确地找到问题根源，及时有效地控制或实行产品召回或撤销制度，从而导致消费者对农产品的信心明显不足。建立基于物联溯源的农产品安全监测预警公共服务平台可提高农产品安全监控水平，减少食源性疾病的发生，并能促进农产品的放心交易，提高消费信心，保障农产品质量安全。

同时，随着近年来我国食品安全问题频发，“苏丹红”“红心鸭蛋”“毒生姜”“带花黄瓜”“爆炸西瓜”等，使得消费者“谈食色变”，食品安全已严重影响了人们的幸福指数，已成为一个重要的公共安全问题。针对这种情况，2009年《中华人民共和国食品安全法》实施，提出推行“从农田到餐桌”的食品安全全程控制。2012年《国务院关于加强食品安全工作的决定》中要求推动食品安全全程追溯等方面的区域合作，规范食品安全信息报告和信息公布程序。《国家食品安全监管体系“十二五”规划》提出全面推进法规标准等十大体系建设，着力抓好食品安全追溯系统和互联互通信息平台等九项重点建设任务。因此，构建和完善我国的食品质量安全追溯体系与面向农产品安全物联溯源与监测预警公共服务平台的建设迫在眉睫。

“十二五”期间，国家从2011年开始初步推行农产品安全溯源与安全监测的专业化、标准化、规模化和集约化，5年内面向农产品安全物联溯源与监测预警公共服务平台的市场容量达数百亿元规模，平台及相关产品市场将保持每年15%的递增速度，面向农产品安全物联溯源与监测预警服务及相关产品拥有巨大的市场。

4)农业电子商务支撑体系的关键技术研发与产业化具有重要意义

中国作为一个人口大国，同时也是一个农业人口大国。截至2013年，中国总人口约为13.6亿人，其中农村人口约7.45亿人。农业产业链过程中的农产品安全问题，农产品从生产、流通、销售等各个环节全过程的溯源问题，精细农业生产问题，农村多层次复杂的金融服务问题已经成为当前农业发展的障碍。为此，迫切需要研发农业电子商务支撑体系的关键技术。

从节能角度来讲，精细化农业生产，使社会总成本下降。智慧农业公共服务平台的建设有助于实现农业生产现代化、智能化和精细化等，实现节水灌溉，降低生产成本，使社会总成本下降。具体体现了“以人为本”的科学发展观，为“节能降耗”贡献力量。

随着城镇化进程的加快，预计到2020年中国农村人口还有约6.3亿人，基数还是非常大。另外，随着农村经济的发展和农民创业增收，“三农”对农村金融服务、支付结算体系的要求越来越高。但部分村居地处偏远，交通不便，农民办理小额存取款、转账、医保报销、农村补贴支付等业务，需到数公里或数十公里外的乡镇、县城办理，一度成为金融服务的盲点。因此，面向农业电子商务的各类金融服务终端及系统的研发与产业化是一项利国利民的大事，可以使全国范围内的农村金融服务成本降低，丰富农村电子支付工具，丰富农村金融产品，并且为农村金融提供更好的农村金融服务环境，促进我国农村金融的健康发展等，具有良好的社会效益和经济效益。

因此，智慧农业项目的实施不论是在社会效益还是在经济效益上，都具有重要的现实意义和社会意义，有着广泛的应用前景。本书得到的研究成果还将有效地推进我国农业电子商务的应用水平，并拉动一大批相关产业的发展，起到信息化带动工业化的作用。

参考文献

[1] ADJASI C K D , SALIFU Z, POWERS M R, et al. Foreign exchange risk exposure of listed companies in Ghana[J]. Journal of Risk Finance, 2007 , 8 (4) :380-393.

[2] ANACLETO A C D S. Aplicação de técnicas de data mining em extracção de elementos de documentos comerciais[J]. Faculdade De Economia Da Universidade Do Porto, 2010.

[3] BANKER R D, MITRA S. Procurement models in the agricultural supply chain: a case study of online coffee auctions in India [J]. Electronic Commerce Research & Applications, 2007, 6 (3):309-321.

[4] BOER P M C D , MARTINEZ C, HARKEMA R. Trade liberalization and the allocation over domestic and foreign supplies: a case study for Spanish manufacturing[J]. Applied Economics, 2000,32 (6) :789-799.

[5] China Chemical Reporter Group. China deepens system reform of foreign trade[J]. China Chemical Reporter,2014,15(20):51-56.

[6] HAN J, KAMBER M. Data mining: concepts and techniques [J]. Data Mining Concepts Models Methods & Algorithms Sec-

ond Edition, 2000, 5(4):1-18.

[7] HUANG Y, XU J. Notice of Retraction B2B: a new way out for the existing problems of agricultural products circulation in today's China[C]// International Conference on Artificial Intelligence, Management Science and Electronic Commerce. IEEE, 2011:2837-2842.

[8] JAMES W K, TED C M, SORIN M S. Foreign exchange risk and the cross-section of stock returns[J]. Journal of International Money & Finance, 2008, 27 (7):1074-1097.

[9] JIANXIN W, MINXIAN Y. Asymmetric volatility in the foreign exchange markets[J]. Journal of International Financial Markets, 2009, 19 (4):597-615.

[10] JUNJUN T, JING W, CHENG H, et al. Subprime mortgage crisis detection in U.S. foreign exchange rate market by multifractal analysis[J]. Proceedings of the 2008 The 9th International Conference for Young Computer Scientists, 2008:2999-3004.

[11] JUNYING M A. Research on hunan's agricultural e-commerce development pattern[J]. Tianjin Agricultural Sciences, 2016.

[12] KHURSHID M K. Forecasting forward exchange rate risk premium in Singapore dollar/US dollar exchange rate market[J]. The Singapore Economic Review, 2009, 54 (2):283-298.

[13] LI C J, LI X H, WANG Y F. The research and application of struts framework based on MVC pattern[J]. Applied Mechanics & Materials, 2011, 63-64, 940-943.

[14] MACQUEEN J B. On convergence of k-means and partitions withminimum average variance[J]. Annals of Mathematical Statistics, 1965,36.

[15] MAZIN A M A J. Foreign-exchange trading risk management with value at risk: case analysis of the moroccan market [J]. Journal of Risk Finance, 2006 , 7 (3) :273-291.

[16] MELANIE F, TOBIAS H, GERHARD S, et al. Trust and e-commerce in the agri-food industry: configuration of a trust environment for e-commerce activities[R]. 2004.

[17] PETR P. Data mining[J]. Tools and Techniques, 1994, 29 (S1):47.

[18] RAJESHWAR S. Methods of payment and foreign-exchange risk management among firms in Brunei Darussalam[J]. Journal of Risk Finance, 2009 , 10 (4) :377-392.

[19] RICHARD D S, RUPA C, VIROJ T. Trade in health-related services[J]. Lancet, 2009,373(9663):593-601.

[20] ROMAN K. Geographic structure of polish foreign trade[J]. Economic Sciences,2013(6):876-880.

[21] RUIZ-GARCIA L, STEINBERGER G, ROTHMUND M. A model and prototype implementation for tracking and tracing agricultural batch products along the food chain[J]. Food Control, 2010, 21(2):112-121.

[22] SHAW M J, SUBRAMANIAM C, TAN G W, et al. Knowledge management and data mining for marketing[J]. Decision

Support Systems, 2001, 31(1):127-137.

[23] TAN C, WANG H, SUN X, et al. Design and realization of e-marketing system for fresh agricultural products[J]. Asian Agricultural Research, 2014(11):20-22.

[24] TSAI B S C . Using data mining to explore the regularity of genetic algorithms in job shop schedule problems[D]. Athens:Ohio University, 1997.

[25] WITTEN, FRANK I H. Data Mining[J]. Practical Machine Learning Tools & Techniques with Java Implementations, 1999 , 13 (4) :1.

[26] WONG T C ,WONG J ,LEUNG P. The foreign exchange exposure of Chinese banks[J]. China Economic Review[J]. 2009,20 (2) :174-182.

[27] YAMASHITA T,KURUMATANI K,SASAKI Y, et al. Emergence and stability of key currency in artificial international trade[J]. New Generation Computing, 2005 , 23 (1) :13-22.

[28] 安玉发. 中国农产品流通面临的问题对策及发展趋势展望[J]. 农业经济与管理,2011(6):62-67.

[29] 蔡书凯. 大数据与农业：现实挑战与对策[J]. 电子商务，2014 (1)：3-4.

[30] 曾贞. 数据挖掘在电子商务中的应用[J]. 甘肃农业，2004 (7)：66-67.

[31] 陈生萍. 国外农业电子商务的发展以及对我国的启示[J]. 农业图书情报学刊,2008，20(9):112-114.

[32] 陈香.河南省农产品电子商务发展对策研究[J].佳木斯教育学院学报.2014(2):427-428.

[33] 陈正明.农民增收的难点及对策探析[J].西南金融,2001(2):44-45.

[34] 程蕊蕊,陈慧萍.基于新闻推荐的用户兴趣模型研究[J].微处理机,2015(5):61-64.

[35] 储新民,李琪.发展我国农业电子商务:制度重于技术——基于国内研究文献的述评与思考[J].情报杂志,2009,28(8):6-9.

[36] 丁力旻,徐硼,孟洋波,等.最优服务匹配规则与算法——基于银行人民币个人理财产品的研究[J].中国管理信息化,2011(14):38-42.

[37] 董富强.网络用户行为分析研究及其应用[D].西安:西安电子科技大学,2005.

[38] 董玲.河南省农产品网络营销存在的问题及对策[J].北方经贸.2014(5):55-56.

[39] 杜冉冉.我国农产品冷链物流发展现状及存在的问题[J].中国证券期货,2013(1X):76.

[40] 凡燕,曹静,朱科峰,等.无线网络环境下基于手机的农村信息服务模式探究[J].农业图书情报学刊,2013,25(9):5-9.

[41] 费剑.从家庭食品消费安全出发实行农消对接-构建农产品安全体系[J].农产品质量安全与现代农业发展专家论坛文集,2011:349-355.

[42] 高国栋,翟印礼,孙丽,等.基于主成分分析的中国农产品电子商务发展对策分析[J].中国管理信息化,2010(2):99-101.

[43] 郭娜,刘东英.农产品网上交易模式的比较分析[J].农业经济问题,2009(3):75-80.

[44] 韩建奎.发展农村物流的思考与探索[J].黑龙江交通科技,2013(2):187.

[45] 韩倩. 河北省农产品电子商务发展对策研究[D].保定:河北农业大学, 2006.

[46] 贺玲,吴玲达,蔡益朝.数据挖掘中的聚类算法综述[J].计算机应用研究, 2007,24(1):10-13.

[47] 洪涛,张传林. 2014～2015 年我国农产品电子商务发展报告[J].中国商贸, 2015(5): 44-54.

[48] 洪涛.农产品电子商务及其模式创新[J].北京财贸职业学院学报,2013(6):10-13.

[49] 胡桂红.山东省农产品电子商务模式研究[J].对外经贸,2011(7):80-81.

[50] 胡敬敬.网上支付的风险防范研究[J].商场现代化,2014(26):68-69.

[51] 胡庆林,叶念渝,朱明富.数据挖掘中聚类算法的综述[J]. 计算机与数字工程,2007, 35(2):17-20.

[52] 胡天石.中国农产品电子商务模式研究[D].北京:中国农业科学院,2005.

[53] 胡正明.我国网络营销存在的问题及对策思考[J].中国流通经济,2012(2):49-52.

[54] 霍红, 樊千语. 果蔬农产品供应链模式优化研究——以黑龙江省为例[J]. 农民致富之友, 2015(5):146-149.

[55] 吉根林，帅克. 数据挖掘技术及其应用[J]. 南京师大学报(自然科学版)，2000,23(2)：25-27.

[56] 简兆权，杨金花. 研发服务交易机制研究[J]. 管理学报，2013,10(7)：1048-1053.

[57] 姜华. 我国农产品电子商务发展现状、问题和对策研究[J]. 安徽农业科学，2006,34(19)：5124-5126.

[58] 焦瑾. 基于数据挖掘的商业银行个人客户细分系统分析与设计[D]. 成都：西南财经大学，2003.

[59] 焦林，郑纪业. 我国农村信息化发展现状与对策[J]. 中国农村科技，2013(1)：71-73.

[60] 孔祥智，刘同山. “农社对接”的优势、发展思路及前景[J]. 中国农民合作社，2013(9)：21-23.

[61] 李建平，王吉鹏，周振亚，等. 农产品产销对接模式和机制创新研究[J]. 农业经济问题，2013(11)：31-35.

[62] 李亮. 视频点播系统中的数据挖掘技术应用[D]. 扬州：扬州大学，2009.

[63] 李琪. 中国电子商务[M]. 成都：西南财经大学出版社，2002.

[64] 李穗豫. 基于电子商务农产品物流体系的构建研究[J]. 商场现代化，2008(8)：155-157.

[65] 李小锋. 农产品电子商务模式选择的影响因素分析[D]. 武汉：华中农业大学，2014.

[66] 李晓宾，李淑珍. 农产品电子商务发展的关键问题及对策[J]. 科技广场，2015(8)：161-165.

[67] 李业刚，宋道金，王淑君，等. 农业电子商务中模糊数据挖掘技

术的应用[J]. 农机化研究，2008 (1)：178-180.

[68] 李玉清. 实现产销零距离对接模式的农产品物流发展策略研究[J]. 农业网络信息，2015 (8)：34-38.

[69] 梁云,刘培刚. 中国农业电子商务发展途径分析[J]. 华中农业大学学报(社会科学版)，2009(5):1-5.

[70] 粮食信息化十三五规划发展"互联网+粮食"平台建设[J]. 粮食科技与经济,2017,42(1).

[71] 林家宝，万俊毅，鲁耀斌. 生鲜农产品电子商务消费者信任影响因素分析：以水果为例[J]. 商业经济与管理，2015 (5)：5-15.

[72] 凌宁波,朱风荣. 电子商务环境下我国农产品供应链运作模式研究[J],江西农业大学学报(社会科学版),2006,5(1):91-94.

[73] 刘玲. 特色农产品电子商务发展问题和对策研究——以上海马陆葡萄为例[D]. 南京:南京农业大学,2014.

[74] 刘兴华. 数据挖掘技术及其应用研究[J]. 辽宁师范大学学报(自然科学版)，2002,25(2)：156-158.

[75] 刘彦花,吴湘滨. 网格环境下的数据挖掘体系设计[J]. 计算机时代，2008(1):19-20.

[76] 楼浩. 电子商务网上交易操作风险管理研究[D]. 上海:复旦大学,2014.

[77] 吕晓玲，谢邦昌. 数据挖掘:方法与应用[M]. 北京:中国人民大学出版社，2009.

[78] 麻茵萍. 农业电子商务应用状况及其政策初探[J]. 中国农业资源与区划，2005,26(2):26-29.

[79] 马安华. 基于用户行为分析的精确营销系统设计与实现[D]. 南

京:南京邮电大学,2013.

[80] 马若男.吉林省农村电子商务现状及发展对策研究[D].长春:吉林农业大学,2016.

[81] 聂林海."互联网+"时代的电子商务[J].中国流通经济,2015,29(6):53-57.

[82] 潘莹,梁京章,黎慧娟.基于K-means算法的校园网用户行为聚类分析[J].计算技术与自动化,2007,26(1):66-69.

[83] 潘宇,林鸿飞,杨志豪.基于用户聚类的电子商务推荐系统[J].计算机应用与软件,2008,25(4):25-26.

[84] 庞胜明,魏朗,岳同霞.时效性农产品物流供应链及环节优化研究[J].物流技术,2005(10):157-159.

[85] 庞伟.北京市生鲜蔬菜"农消对接"供应链模式研究[D].北京:北京交通大学,2012.

[86] 彭会萍.农产品电子商务的交易成本研究[J].长江大学学报(自然科学版:农学卷),2008,5(4):115-117.

[87] 蒲应奚,杨为民.蔬菜供应链一体化经营的国际比较[J].世界农业,2007(6):15-18.

[88] 邱碧珍.福建省农业电子商务发展分析及对策[J].农业展望,2014(4):50-53.

[89] 石文超.山东省农产品流通模式研究[D].淄博:山东理工大学,2014.

[90] 史小松,黄勇杰,刘永革.数据挖掘技术中聚类的几种常用方法比较[J].中国科技信息,2009(20):99-100.

[91] 孙百鸣,王春平.黑龙江省农产品电子商务模式选择[J].商业研

究,2009(8):175-176.

[92] 孙伟.电子商务环境下农产品流通的现状与对策[J].商业经济,2013(2):69-71.

[93] 孙晓龙.鲜活农产品第三方交易平台流通模式风险管理研究[D].南昌:华东交通大学,2012.

[94] 唐江云,李晓,向平,等.基于SWOT模型的四川省农业信息技术发展现状分析与对策研究[J].中国农业科技导报,2013,15(2):39-44.

[95] 田苗,陈洪全.我国农业电子商务发展问题及对策初探[J].江西农业学报,2006,18(3):203-204.

[96] 田茹,熊英,汤红娜.河北省农产品电子商务发展研究[J].河北企业,2017(1):71-72.

[97] 田盛丰.聚类分析方法[J].计算机研究与发展,1992(3):16-20.

[98] 汪普庆,周德翼,吕志轩.农产品供应链的组织模式与食品安全[J].农业经济问题,2009(3):8-12.

[99] 王初建.电子商务环境下河南省农产品物流体系建设研究[J].中国物流与采购,2012(12):74-75.

[100] 王丹.透视"农消对接"谈农业科技服务体系优化——以沈阳市为例[J].农业经济,2013(2):111-113.

[101] 王东东,李丽琴.基于供应链管理视角的生鲜农产品共同配送模式[J].江苏农业科学,2012,40(12):400-402.

[102] 王冬琳.电子商务分析和组合模型[D].北京:北京师范大学,2011.

[103] 王付强.数据挖掘技术在网购平台客户关系管理中的应用研究

[D]. 南京:南京理工大学, 2011.

[104] 王光宏,蒋平. 数据挖掘综述[J]. 同济大学学报(自然科学版), 2004,32(2):246-252.

[105] 王宏伟. 浅析农产品营销存在的主要问题与营销策略[J]. 企业导报,2009(5):103-104.

[106] 王家化. 我国鲜活农产品流通的特点及存在的问题[J]. 物流技术,2012(12):24-27.

[107] 王文川. 农产品营销战略研究[J]. 山西科技,2005(3):3-5.

[108] 王漪昆,黎维斯. 农超对接供应链协作模式研究[J]. 西南名族大学学报,2012(1):119-123.

[109] 王卓滂. 基于 Web 服务的数据挖掘系统关键技术的研究及其原型设计[D]. 苏州:苏州大学, 2006.

[110] 魏满涛. 河南省新型农产品营销渠道研究[J]. 农业经济. 2013(3):116-118.

[111] 温铁军. 农民专业合作社发展的困境与出路[J]. 湖南农业大学学报(社会科学版),2013(4):4-6.

[112] 吴继东. 浅析我国农产品市场与农产品营销的发展与演变[J]. 科技信息(学术研究),2007(15):278-279.

[113] 吴启明,易云飞. 文本聚类综述[J]. 河池学院学报, 2008, 28(2):86-91.

[114] 武彩丽. 基于规范切和分水岭的聚类算法研究[D]. 西安:西安电子科技大学, 2010.

[115] 奚国泉,李岳云. 中国农产品品牌战略研究[J]. 中国农村经济, 2001(9):65-68.

[116] 夏姜虹.数据挖掘技术的常用方法分析[J]. 云南大学学报(自然科学版),2011(S2):173-175.

[117] 谢茂华.农产品电子商务国内研究分析[J].科技经济市场,2011(1):42-43.

[118] 邢留伟. K-Means算法在客户细分中的应用研究[D].成都:西南财经大学, 2007.

[119] 徐洪波.中美日法农产品流通现代化关键指标之比较[J].中国流通经济, 2013,27(1):22-27.

[120] 徐仲昆.河南省农产品电子商务发展建议[J].合作经济与科技,2014(17):102-104.

[121] 许婵, 吕斌,文天祚. 基于电子商务的县域就地城镇化与农村发展新模式研究[J]. 国际城市规划, 2015(1):14-18.

[122] 许军.我国农产品流通问题研究述评[J].经济纵横,2012(11):121-124.

[123] 许文华.我国现有农产品交易模式评述[J].农村经济与科技,2011(1):49-51.

[124] 薛慧君, 旭日. 数据挖掘技术及其在电子商务中的应用研究[J].内蒙古农业大学学报(自然科学版), 2005, 26(4): 86-90.

[125] 杨浩雄,张梦楠.新型B2B2C电子商务模式在促进鲜活农产品物流信息管理中的应用研究[J]. 湖南农业科技,2012(13):123-124.

[126] 杨媚, 刘小玲, 前澤重礼. 日本农产品流通体系中农协与批发市场的关系研究[J]. 南方农业学报, 2014, 45(5):891-897.

[127] 杨善林,李永森,胡笑旋,等.K-means算法中的k值优化问题研

究[J]. 系统工程理论与实践，2006，26(2):97-101.

[128] 杨杨. 发展我国电子商务农产品销售的对策[J]. 安徽农学通报，2010，16(17):194-195.

[129] 杨艺. 浅谈日本农业信息化的发展与启示[J]. 现代日本经济，2005 (6) :147-149.

[130] 杨毅超，黄璜. Web数据挖掘在农业电子商务中的应用[J]. 计算机与现代化，2009 (1)：133-135.

[131] 杨跃辉. 农产品电子商务研究文献综述[J]. 安徽农业科学，2011，39(18):1091-1091.

[132] 姚於康，马康贫. 农产品市场竞争力探讨[J]. 中国农村经济，1991(11):43-46.

[133] 殷锋社，李选芒. 农产品电子商务模式分析与研究[J]. 电子设计工程，2011(12):32-34.

[134] 袁方，周志勇，宋鑫. 初始聚类中心优化的k-means算法[J]. 计算机工程，2007，33(3):65-66.

[135] 占锦川. 农产品电子商务[M]. 北京：电子工业出版社，2010.

[136] 张蓓，杨学儒. 农产品供应链核心企业质量安全管理的多维模式及实现路径[J]. 农业现代化研究，2015(1):46-51.

[137] 张东方. 日本农机信息化和智能化加速[J]. 现代农业装备，2015 (1):71-72.

[138] 张海笑，徐小明. 数据挖掘中分类方法的研究[J]. 山西电子技术，2005(2):20-21.

[139] 张慧媛，王海，郭雪霞，等. 山东省农产品出口情况简析和发展建议[J]. 农业工程技术(农产品加工业)，2014(12):49-52.

[140] 张建军,杨艳玲.我国农产品冷链物流发展现状及发展趋势研究[J].物流科技,2013(2):102-105.

[141] 张建萍, 刘希玉.基于聚类分析的 K-means 算法研究及应用[J]. 计算机应用研究, 2007, 24(5):166-168.

[142] 张金华.我国农产品营销存在的问题及对策分析[J].农业与技术,2005(5):11-13.

[143] 张晶.吉林省农产品电子商务发展研究[D].长春:吉林农业大学,2014.

[144] 张莉.基于网络交易行为的客户分群研究与实现[J].中国电子商务,2013(15):24-25.

[145] 张莉.数据挖掘技术及应用现状[J]. 中国石油大学胜利学院学报, 2008,22(2):34-35.

[146] 张倩.国外农产品物流业现状[J].世界农业.2004(11):11-13.

[147] 张荣.基于供应链管理的"新农超对接"模式研究[J].中国市场,2012(6):24-25.

[148] 张书冬.推进粮食电子商务工作论析[J].粮食问题研究,2016(5):17-20.

[149] 张卫全,胡志远.浅析作用于 Web2.0 安全防范的 OpenID 和 OAuth 机制[J]. 通信管理与技术,2011(2):15-18.

[150] 张新敏.电子商务时代我国农产品营销模式研究[J].商业经济研究,2017(3):84-86.

[151] 张玉芳,毛嘉莉,熊忠阳.一种改进的 K-means 算法[J].计算机应用, 2003,23(8):31-33.

[152] 张哲.美国农产品电子商务发展及对我国的启示[J]. 中国商

贸，2014(25):115-117.

[153] 张忠根，孙红礼. 交易费用与农产品 B to C 电子商务的发展[J]. 经济论坛，2005(14):112-114.

[154] 赵锋. 农产品流通效率研究：综述与展望[J]. 中国流通经济，2013,27(12):16-21.

[155] 赵皎云. 三方冷链物流破题前景渐明机[J]. 物流技术与应用，2013(1):8-11.

[156] 赵敏. 农产品物流[M]. 北京：中国物资出版社，2007.

[157] 赵志宏，骆斌，陈世福. 基于数据仓库的数据挖掘系统结构框架[J]. 计算机应用与软件，2002，19(4):27-29.

[158] 郑宇，刀挺. 基于 k-means 聚类的烟草工业公司对商业公司价值评级分析[J]. 移动信息，2015(9).

[159] 钟晓，马少平，张钹，等. 数据挖掘综述[J]. 模式识别与人工智能，2001,14(1):48-55.

[160] 资武成，廖小刚. 供应链管理视角下我国农产品流通中信息模式研究[J]. 物流科技，2011 ，34 (5) :18-20.

致　谢

本书作为"农业互联网＋"丛书中相对独立的一本专著，是我们整个团队在进行智慧农业项目期间的成果总结，项目团队中的每个人为此付出众多。

本书作者团队承担了整体框架的设计、研究工作的组织、模型的设计与验证等工作，还有大量的具体工作是由团队其他成员负责，浙江省农业信息中心管孝锋、朱莹负责本书农业电子商务平台的总体情况的撰写工作，王焕森、徐健和徐浩负责本书农业精细化公共服务与农业电子商务实际应用的撰写工作，感谢你们为本书的辛勤付出，正是有各位的通力合作，本书才能顺利出版。

本书涉及的研究除了得到前述六大项目的支持外，还得到浙江工商大学现代商贸流通体系建设协同创新中心和浙江工商大学现代商贸研究中心的支持，作者在此一并表示感谢。

本书在写作过程中，借鉴了国内外许多智慧农业发展的相关经验及国内外相关专家学者的学术观点，并参阅了许多相关媒体发布的资料，在此特别鸣谢。

希望在以后的工作中继续深化对相关方面的研究，以期获得更有价值的研究成果。